EPIK

ATTILA F. BALÁZS

Attila F. Balázs wurde 1954 im siebenbürgischen Târgu Mureş geboren. Sein umfangreiches Werk wurde in viele Sprachen übersetzt, beispielsweise ins Albanische, Arabische, Armenische, Deutsche, Griechische, Italienische, Koreanische, Rumänische, Slowakische oder Türkische. Attila F. Balázs, dessen Werk mehrfach ausgezeichnet wurde, trat zudem als Übersetzer hervor, der dem ungarischen Leser zahlreiche Bücher aus verschiedenen Ländern (mit Schwerpunkt Rumänien) zugänglich gemacht hat.

Attila F. Balázs

Casanovas Metamorphosen

Mit vierzehn Zeichnungen von Tünde Darvay

POP Verlag
Literatur
Ludwigsburg

Bibliografische Information der Deutschen Nationalbibliothek
Die Deutsche Nationalbibliothek verzeichnet diese Publikation in der Deutschen Nationalbibliografie; detaillierte bibliografische Daten sind im Internet über http://dnb.d-nb.de abrufbar.

Ludwigsburg: Pop Verlag · 2024
ISBN: 978-3-86356-392-9
Reihe Epik Bd. 148 · Hrsg. der Reihe: Traian Pop

Aus dem Ungarischen von Ana Ördög

Gedruckt auf Munken Print Cream Papier.
Das Munken Print Cream ist FSC-zertifiziert, säurefrei und alterungsbeständig, ohne optische Aufheller.
Die Produktion ist klimaneutral.
ClimatePartner.com/11490-1412-1001

1. Auflage 2024

Originaltitel: Attila F. Balázs, *Casanova átváltozásai*, AB-ART, Bratislava. 2012

Druck: Pressel, Remshalden
Autorenfoto: Privatarchiv Attila F. Balázs
Illustrationen und Umschlagzeichnung: Tünde Darvay
Umschlag: T. Pop
Pop Verlag · Postfach 0190 · 71601 Ludwigsburg
www.pop-verlag.com

Casanovas Metamorphosen

Casanovas Geburt

„Schöner Junge", stellten die Hebammen fest, als sie das Neugeborene, das augenscheinlich alle Schmerzen dieser Welt durch seine Kehle schreien wollte, der Mutter auf die Brust legten. Nach kurzem Dösen begann der Junge erneut zu schreien, wobei er, von entschlossener Hand gehalten, zuerst im roten Marmorbecken und danach auf der Ankleidekommode landete. Er hörte nicht einmal dann auf, als sie ihn später in die Arme des Vaters legten.

„Mein Sohn!", hob der Vater das Kind empor und hielt den zappelnden Winzling der hübschen Tante hin. Und siehe da, ein Wunder: In den weichen Frauenarmen beruhigte sich der Kleine sofort.

„Oje!", murmelte der Vater in seinen Bart, öffnete die Champagnerflasche und schenkte ein: „Auf den jungen Casanova!"

Es schien, als ob der Erstgeborene nicht unbedingt die Familienfreude teilte. Es gab ein Festmahl zu seinen Ehren, das ohne ihn stattfand.

Beim Kirchgang zur Taufe schickte der alte Casanova ein Stoßgebet gen Himmel, bevor er seinen Sohn den Paten übergab. Er wünschte, er betete, dass sein Sohn die eigenen unterdrückten oder fehlgeschlagenen Träume sowie Sehnsüchte erfülle. Möge er die Frauen so lieben, wie er

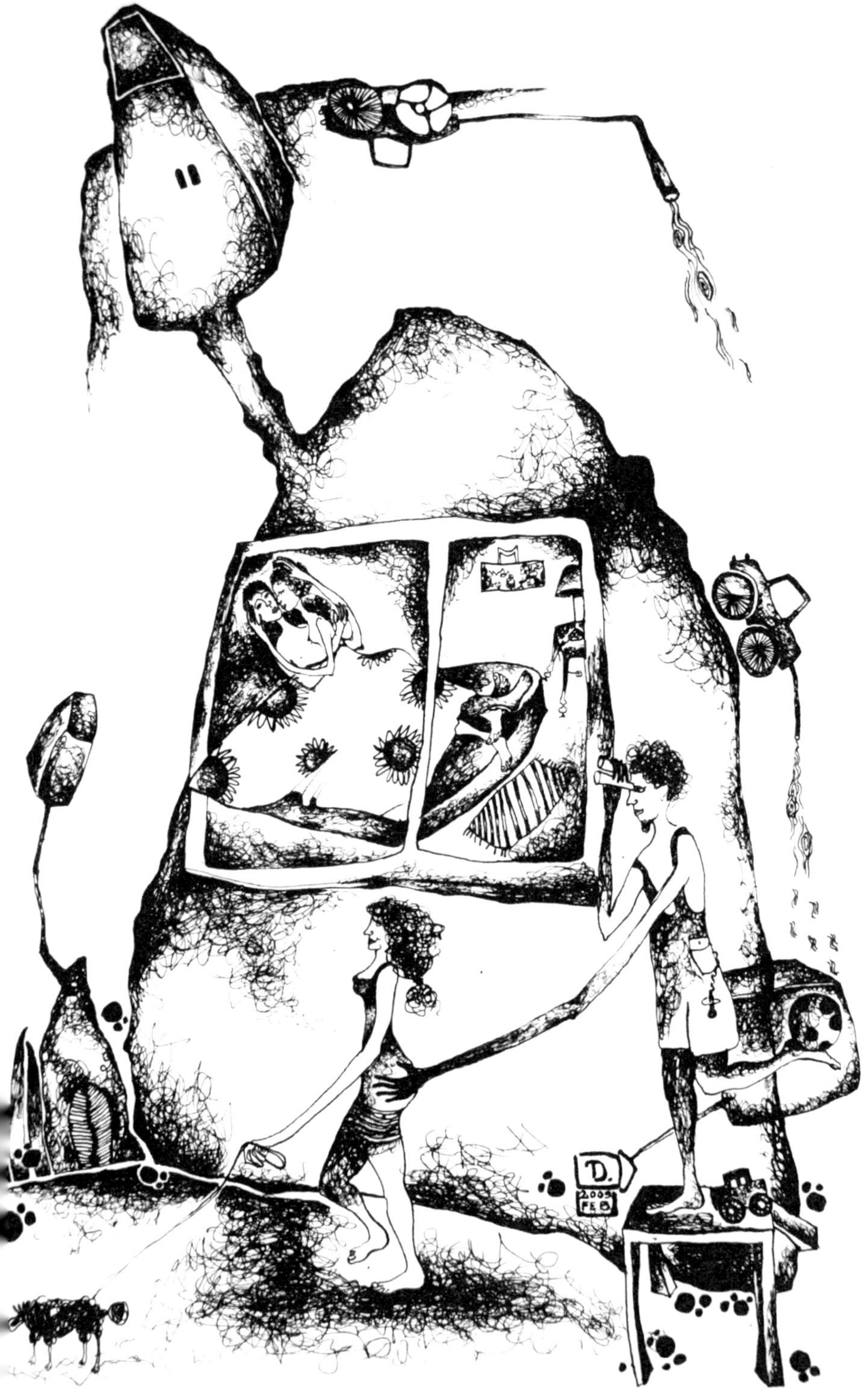
D.
2009
FEB

sich selbst nie wie er es sich selbst nie getraut hatte, nein, keinerlei Mut und keine Gelegenheit dazu gehabt hatte. Und der Herr war guter Laune und erfüllte sein Gesuch. Der pubertierende Casanova betatschte hemmungslos die schamhaften und dennoch koketten halbwüchsigen Mädchen, beobachtete seine Eltern, wie sie sich liebten, die badende Tante und seine Schwestern. Stolz trainierte er unentwegt seine stets aufgerichtete Männlichkeit. Er lernte schnell von liebestollen Zimmermädchen das Dschingel-Dschangel des Liebesspiels. Es folgten nacheinander die Erzieherin, die Frau des Metzgers und des Kutschers, die Tochter des Verwalters, des Krämers Base, danach viele hundert und tausend hellhäutige Mägde.
In den Armen schöner Mädchen und Frauen tröstete und vergnügte er sich bis ans Lebensende, ganz nach dem Wunsch seines Vaters.
Als sein eigener Nachwuchs erschien, betete er trotz allem zu Gott und wünschte sich, dass sein Sohn ein ruhiges, langweiliges Familienleben an der Seite einer durchschnittlichen Frau verbringen möge. Und sein Wunsch ging in Erfüllung.

Katzensud

„Dort, wo so viele Männer sich versammeln, da kann es nur Probleme geben“, denken die über den Zaun stierenden Frauen und bekreuzigen sich. Die Kinder spielen weiter, aber auch sie blicken neugierig zu den wortlos herumstehenden Männern hinüber; sie spüren die vibrierende Spannung in der Luft. So viele Leute kommen nur an Feiertagen und zu Beerdigungen zusammen.

„Heute in der Früh hatte ich in S. zu tun“, sprach jemand von den Versammelten – und hörte dort, dass der Aufstand ausgebrochen sei.

Die Männer horchten auf und murmelten, wonach sie sich erneut in Schweigen hüllten: ein Schlangen verbergender Korb mit Deckel.

„Leute, die Herren haben die Steuer erhöht. Dem neuen Gesetz nach müssen wir sogar auf den Rauch Steuern zahlen.“ Er unterbricht seine Rede und schaut sich um: Die Menschen nicken und blicken düster auf die schneebedeckten Berggipfel. „Zuerst nehmen wir den Vorsteher fest, danach auf nach S.!“

Der Junge fasst die Hand des Mädchens an und geht zur Scheune. Es sieht so aus, als ob er seiner immerwährenden Sehnsucht, die er so oft in Gedanken durchgespielt hat,

Erfüllung geben könnte. Ein in Angst gehülltes Siegesgefühl. Das Mädchen folgt ihm willig, überlegt nicht, wundert sich nicht. Bei ihr läuft noch alles im Bereich des Spielens ab. Der Junge ist vierzehn Jahre alt, das Mädchen zehn. Sie sitzen im Heu und halten Händchen. Der Junge weiß nicht, wie er es anfangen soll. Zwei Welten: Zwischen Sehnsüchten und Wirklichkeit besteht eine Kluft. Er berührt ihre unbehaarte Scham. Unwissend lässt sie das zu. Einfältig beobachtet sie den Jungen, der möchte, dass sie seine Absichten versteht. Er müsste es ihr erklären, aber er ist nicht fähig dazu. Er betastet den hageren Körper des Mädchens. Wenn er in seiner Phantasie an diesem Punkt angekommen war, erwiderte das Mädchen heftig seine Umarmung, aber das wirkliche Mädchen scheint, als ob es aus leblosem Stoff gewalkt wäre. Er beugt sich vor und küsst ihre Schamwölbung. Das Mädchen bricht in schallendes Lachen aus. Der Junge springt auf und läuft weg. Er hat sich getäuscht und fühlt sich gedemütigt.

Die Aufständischen erreichen die Gemeinde. Deren stierende Bewohner schließen sich ihnen an. Sie fesseln den Vorsteher, feuern den Kamin an, verstopfen den Rauchfang und lassen ihn räuchern. Danach setzen sie sich zusammen, um einen anderen Vorsteher, einen aus ihren Reihen, zu wählen.

Die Tannen spießen die Sonne auf. Die Mutter des Jungen blickt unruhig auf die Straße. Danach geht sie hinein, setzt das Kopftuch auf und sagt zu dem Jungen:

„Ich geh' Vater holen."
Der Junge schaut seiner in Tuch gehüllten Mutter nach, bis sie auf dem gebogenen Weg verschwindet. Er geht hinein und bereitet das Abendessen vor. Zwischenzeitlich erscheint die Nachbarin. Sie hilft ihm, das Kind zu Bett zu bringen. Der Junge geht die Tiere versorgen. Er verweilt lange im Stall. Er denkt über die Geschehnisse vom Nachmittag nach.
Es prickelt in seinem Körper nach der erneut durchlebten Erregung. Die Sehnsucht ist nicht auslöschbar, ihre Befriedigung kann nur auf eine Art geschehen. Man kann die Befriedigung nicht nachholen oder ersetzen. Die Sehnsucht nimmt durch die Gefühle, die Erinnerungen und die Träume zu.
Er schwankt in den Hof. Schaut zum Haus; das Zimmer ist dunkel, in der Küche die Lampe gedämpft. In der typischen Stille der Dorfnächte fallen nur Fremden Geräusche auf: das der sich aneinander schmiegenden Hühner, das des die mähneschüttelnden Pferdes, das des Mahlens der Mäuler von Wiederkäuern, Hundegebell, das Quietschen des Brunnenschwengels, entferntes Kinderlachen, dumpfes Husten. Er schaut durchs Fenster. Wie einem Nachtfalter wird auch ihm im Licht schwindlig. Die ersten Erfahrungen wirken mit magischer Kraft nach. Er überlegt nicht. Er spürt, dass etwas mit ihm geschieht, eine riesige Macht mit magnetischer Kraft ergreift ihn. Die Kraft der Sehnsucht ist um so stärker, je mehr sie auf einen Punkt hinführt, je mehr man die inneren und äußeren Kräfte auf ein Ziel richtet. Er kann sich nicht rühren.

Draußen plötzlich große Aufregung. Es rennt ein außer Atem geratener Nachrichtenüberbringer herein.
„Hier ist eine Kavalleriehundertschaft."
Die Menschen schauen einander an, aber rühren sich nicht.
Die Nachbarin steht da im Unterrock und wäscht sich über die Waschschüssel gebeugt. Der Junge starrt auf ihre kräftigen Arme, auf die großen, hängenden Brüste, auf den leiderprobten Bauch. Alles, was er am Nachmittag erfahren hat, bricht verstärkt über all seine Sinne herein. Sein Vorderteil spannt so sehr, dass es ihm weh tut. Er schleicht in den Hof. Das, was in ihm passiert, ist wie ein Déjà-vu. Die Dinge folgen eins aus dem anderen, unaufhaltsam reißt ihn der Strom mit; trotzdem ist es so, als ob er von außen die Geschehnisse betrachten würde. Er geht wieder zum Fenster. Die Frau trällert leise, während sie sich abtrocknet. Sie schlüpft in ihr Hemd, danach weicht sie die Füße in der Schüssel ein. Man sieht gut ihren muskulösen Unterschenkel und den weißen Oberschenkel. Er erinnert sich an die dünnen Glieder und die unbehaarte Scham des Mädchens.

Die Soldaten befreien den Vorsteher, der vor lauter Husten rot angelaufen ist, und mit tränenüberströmtem Gesicht vor sich hin starrt. Er zittert immer noch vor Angst. Der Befehlshaber mustert ihn mit einem bedauernden und gleichzeitig auch missachtenden Blick, wonach er sich zu den gefangenen und gefesselten Bauern umdreht.

D.
2.009
FEB

Langsam öffnet er die Tür. Sein Gesicht glühend, wie mit heißem Teer übergossen. Er traut sich nicht, die Frau anzuschauen.

„Ich habe auch dir Wasser warm gemacht“: sie trocknet ihr Bein ab, und als sie es anhebt, sieht er ihren Oberschenkel aufblitzen. Der Junge schwebt im Zauberkreis des Anblicks. Mit langsamen Bewegungen zündet er das Feuer an. Die Frau leert die Schüssel und füllt sie mit frischem Wasser. Sie schauen sich an. Es herrscht eine Stille wie zwischen Blitz und Donner.

„Na?“

Der Junge entkleidet sich bis zur Taille, beginnt sich zu waschen. Die Frau schaut ihn an, während sie sich kämmt. Sie lächelt vielsagend.

„Ich wasche dir den Rücken.“

Gefügig beugt er sich über die Schüssel. Ein angenehmer Schauder ereilt ihn, als die Seife über seinen Rücken gleitet.

„Frierst du?“

Er antwortet nicht, er spürt wieder die Steifheit und dreht sich so um, dass die Frau es nicht sieht. Sie aber bemerkt die Anspannung und weiß, dass sie das verursacht hat. Ihre Finger massieren sanft seinen Hinterkopf, gleiten sein Rückgrat entlang und beruhigen sich in streichelnden Bewegungen erst, als sie seine Mitte erreicht. Nach einigen zögerlichen Bewegungen entkleidet sie ihn, zieht ihm den Liebestöter aus. Sie lacht laut los, aber nicht spöttisch.

Das, was er spürt, ist keine Scham. Es ist ein Gefühl wie damals, als er zum ersten Mal versuchte, vom Scheunen-

boden in den Heuhaufen zu springen: eine Mischung aus Aufregung, Entscheidung und Angst.
Das raue Handtuch trocknet seinen Körper. Danach folgt die angenehme Berührung des Hemdes.

„Was ist, ihr elenden Schufte? Ihr braucht den Aufstand?", zischt der Kapitän und winkt seine Schergen heran. Diese reißen die Unterhosen der Gefangenen runter und schlagen sie so lange, bis Blut fließt.
„Kommt, gehen wir die anderen retten!", hört man aus der Umgebung. Es versammeln sich mehrere hundert Menschen, um die Gefangenen zu befreien.

Sie sitzen auf der Bettkante. Es herrscht eine verdichtete und feierliche Stille. Ihre Frauenfinger spielen mit seinen Locken. Er lehnt sich langsam mit all seinen Wünschen zu ihr hin. Ihr Duft ist betörend. In dem Jungen herrscht der konfuse, aber seltsam bewusste Kurzschluss zu einem vergessenen Stromkreis, der in seinen trüben Sehnsüchten steckt. Der Frauenkörper als solcher erweitert sich nun in seiner Bedeutung: Man kann ihn besitzen. Statt Gleichstrom große Spannungsschwankungen.

Das Heer stellt sich an der Dorfgrenze auf. Sieben Mann lösen sich aus den Reihen der Bauern und gehen zum Befehlshaber. Dieser greift zu seinem Degen, schlägt ein paar Mal in die Luft, dass die Stahlklinge nur so schwirrt.
„Was wollt ihr?", schreit er verärgert. Die Bauern bleiben stehen und einander übertönend: „Warum habt ihr die

anderen verhaftet? Wir wollen, dass ihr sie freilasst!"
Der Kapitän streift sie mit seinem Blick, wonach er, etwas beruhigter, wie folgt spricht: „Wir werden sie freilassen, aber warum habt ihr den Vorsteher in den Rauch gesteckt?"
„Warum wurde denn der Rauch besteuert?", fragen die Bauern zurück.
„Das ist nicht wahr", sagt der Befehlshaber, „sie erhoben die Steuer nur auf den Eimer Wein um einen Kreuzer."
Die Bauern murren, worauf der Kapitän fortfährt: „Kommt, ich zeig euch, wo die anderen sind. Aber nur ihr sieben. Der Rest darf nicht ins Dorf."

Der bitter-angenehme Frauengeschmack: der Geschmack der Freiheit. Ab jetzt kann auch er ihn sich beschaffen. Die Schenkel öffnen sich. Der in die Frauenwärme eintauchende Junge und Mann vollführt in seiner Instinktivität entschlossene Bewegungen. Krampfartige Zuckung, wie ein Schrei. Er verharrt lange so. Die Frau streichelt ihn und flüstert. Er versteht nichts bewusst. Er beginnt erneut, sich zu bewegen, dieses Mal wohl wissend, was er tut. Das, was sich jetzt abspielt, ist auch für die Frau das Erlebnis von Freiheit.

Die sieben Männer gehen los. Als sie das Rathaus erreichen, schauen sie durch das Fenster. Vor ihnen ein grausamer Anblick: die Kameraden halbtot geschlagen in einer Blutlache liegend. Sie werden alle nach Hause entlassen, aber das Heer bleibt noch lange da. Ihr Schicksal ist schwerer. Sie werden auf Schritt und Tritt gedemütigt.

Wenn die Soldaten über diese und jene erfahren, dass sie die Aufrührer verehren, pferchen sie diese von Zeit zu Zeit zusammen, und dann tunken sie eine Katze ins Wasser und geben ihnen den Sud zu trinken, damit sie den Geschmack der Freiheit spüren.

Nachts

Gut eingehüllt in die Dunkelheit. Mein Körper brennt wie ein ersticktes Feuer. Als verräterisches Zeichen drückt er das Blut in mein Gesicht. Wie gut, dass es keiner sieht. Würden sie jetzt das Licht einschalten, schämte ich mich. Meine trockene Kehle befeuchte ich mit wiederholtem Schlucken. Ich höre deinen Atem irgendwo in der Nähe, auf eine Armlänge, deinen Seufzer. „Schläfst du auch nicht?"
Das zu erkennen lässt eine warme Welle über mein Rückgrat fließen: vielleicht auch du? Ich versuche, die Frequenz abzufangen, auf der dein Zentrum der Sinnlichkeit hauchfein seine Nachrichten ausstrahlt. Ein zartes Zeichen irgendwo in der Gehirntiefe. Ich sehe mich aufstehen und verstohlen an dein Bett gehen, du drehst dich zu mir und machst mir Platz. Ein Rauschen in meinen Ohren, als ob die große Glocke neben mir läuten würde. Wir kleben zusammen: ineinander dringende, sich in Aufruhr befindliche Masse. Danach das gleichmäßige Schwingen der Schaukel ... Du hast erneut geseufzt: Vielleicht bist du auch in deinen Träumen hier angekommen. Ich sehe dich: Du stehst auf, schleichst dich lautlos an mein Bett, berührst mein Gesicht. Deine Finger tasten meine Züge ab, ich bewege mich, du beruhigst dich: Ich bin wach, schweigend rücke ich nach

D.
2009
MÁR

innen, du hebst die Decke und kriechst zu mir, du bist heiß ... Der Schweiß bricht mir aus, ich setze mich auf, ich starre hinüber zu deinem Bett. Ich kann nicht sehen, ob deine Augen offen sind. „Schläfst du?“, möchte ich dich fragen, aber nur ein Krächzen verlässt meine Kehle. Du bewegst dich nicht. Verschämt lege ich mich wieder hin. Einst, in meiner Kindheit, habe ich beschlossen, das Geheimnis der Grotte – den riesigen Keller der Nachbarn – zu erobern, besser gesagt: entdecken. Eines Tages, als sie nicht zu Hause waren, hab ich mich vom Garten her, mit rasendem Herzen, auf deren Hof geschlichen. Angstvoll ging ich zum Kellereingang, hektisch suchte ich den Schlüssel (ich hatte erspäht, wo er lag) und mit zitternder Hand versuchte ich, den Schlüssel in das Schloss, zu stecken. Wenn jetzt jemand erschienen wäre, hätte mich der Schreckenstod ereilt. Der Schlüssel drehte sich im Schloss und mit einem das Blut in den Adern gefrieren lassenden Geräusch ging die Tür auf. Ich spürte, dass ich zusammenbreche, und hatte keine Kraft mehr, sie zu schließen. Ich muss flüchten von hier, das war mein einziger Gedanke. Es war, als ob ich bis zur Körpermitte in einem schnell fließenden Fluss stehend auf der Stelle träte. Auf sicherem Boden, in unserem Garten, lehnte ich mich an den großen Kirschbaum und ließ es nun zu, dass ein süßes Zittern meinen Körper erschaudern ließ. Ich ging nicht mehr zurück. Auch Jahre danach, wenn es mir einfiel, übermannte mich das Gefühl einer Mischung aus Vermissen und Enttäuschung. Ich höre, du schläfst nicht. Irgendwie müsstest du es zeigen, wenn du es auch willst. Ungeduld und Sehnsucht kämpfen mit der Furcht. Ich habe Angst, dass die Tür geöffnet wird, aber viel mehr, dass du mich abweist. Mein Instinkt flüstert mir ein, dass du auf mich wartest. Zum Glück hört man von Zeit zu Zeit ein Autogeräusch, sonst wäre es so, als wenn die Zeit stehen geblieben wäre. Ein blasser Schimmer dringt durch die Gardine. Ich entscheide mich: Ich gehe zu dir. Eine schwere Last wie von Sandsäcken erdrückt meine Glieder: Ich kann sie nicht bewegen. Ein Stoßgebet wäre angebracht: Gott, gib mir Kraft, gib mir Mut, gib mir Glück. Es ist eine große Sünde, Hilfe zu erbitten, wenn man selbst in Sünde ist. Sünde in Sünde. Die Sehnsüchte sind nicht mehr aufzuhalten. Plötzlich setze ich mich auf. Die Stille pfeift. Das Zimmer ist erfüllt von spürbarer Anspannung. Ich gehe zu dir. Die Kühnheit übertrifft die Angst. Der liebe Berg der Versprechungen. Du bewegst dich nicht. Du bebst. Ich zittere. Es beschämt mich sehr. Ich lüfte die Decke und schlüpfe zu dir, ich umarme dich, langsam entspannt sich dein Körper, er öffnet sich wie ein Blütenkelch, der sich auf den Empfang eines Käfers vorbereitet. „Ich fürchte mich", flüstere ich und bereue es rasch, dass mir das herausgerutscht ist. Du antwortest nicht, aber es ist, als ob sich deine Umarmung lockern würde. Ungeschickt suche ich dich, du greifst zu und hilfst mir mit einer entschlossenen Bewegung einzudringen. Unterdrücktes Siegesgefühl. Mit zurückgehaltenem Atem beschleunige ich den Rhythmus der Bewegung, halte immer wieder inne und horche; bin beinah gar nicht mehr dabei; gedanklich halte ich draußen vor der Tür Wache, damit ja keiner hereinkommt. Ob du es bemerkt hast? Die Angst vor der Gefahr verzieht sich, ich könnte töten für diese Ekstase. Es ist nur ein Augenblick, und schon sehe ich über uns das Messer aufblitzen, das jederzeit diese warme und sichere Hülle aufschlitzen kann. Ich versuche, von allem Abstand zu halten, nichts interessiert mich, ich werde hier im Bett bleiben, weil ich dich sehr, sehr liebe. Zaghaft gleiten meine Finger über deinen Körper. Er versengt mich. Wie ein empfindliches Instrument vibriert er filigran bei jeder Berührung. Eine Bewegung, wie wenn ich den Klavierdeckel herunterließe. Blei fließt durch meine Adern. Aus den Trümmern meiner Sehnsucht erscheint erneut die Angst und ruft von irgendwoher eine unerklärliche Niedergeschlagenheit hervor. Wortlos stehe ich auf und lege mich in mein Bett. Ich habe vergessen, mich liebevoll von dir zu verabschieden, deine mit Schweißperlen bedeckte Stirn zu küssen. Ich habe mich weggeschlichen, wie ein Dieb von leeren Panzerschrank. Ich schäme mich. Ich höre deinen Seufzer. Der klingt wie vor einer halben Stunde. Ich beruhige mich damit, dass ich alles auf die Umstände schiebe. Ich horche: Ob du eingeschlafen bist? Ich höre deinen entfernten Atem. Er ist so fremd. Danach erwischt mich eine Welle, die mich immer weiter und weiter von dir wegtreibt. Ich könnte dich nicht mehr finden. Wir haben uns in der Dunkelheit verloren, die uns einander nähergebracht hat.

An der Grenze des Traums

In den letzten Stunden der Nachmittagsschicht, die sich bis in die Nacht hinein erstreckten, war die Halle wie ein Unterseeboot, das mit eintönigem Summen dahingleitet. Der von oben strahlende Schein der Beleuchtung überzog die Oberflächen aus Metall mit einer Glanzschicht; die nackten Arme und die bleich aussehenden Gesichter blitzten fremd und kalt, wie die blendenden Leuchtreklamen in der zum Tag gemachten Nacht. Der Blick versucht, die kaum wahrnehmbaren Schritte der Zeiger der elektronischen Uhr zu erspähen. Das eintönige Maschinengeräusch wurde gelegentlich von einem einzelnen Aufschrei, glucksendem Lachen oder ausgelassener Stimmung unterbrochen. Die Mädchen hatten sich in kleinen Gruppen versammelt und Pläne für das Fest geschmiedet; sie blickten immer wieder zum Eingang, damit sie im Falle von Gefahr auseinanderschwirren könnten. Das Ganze wirkte wie eine nächtliche Warteraumatmosphäre, in der winzige, familiäre Gesten die Kluft zum Unbekannten überbrückten.

Ihre Gedanken flogen zum üppigen Garten der nicht allzuweit entfernten Kindheit, wo sie ein paar Jahre zuvor mit dem älteren Bruder herumstreunte, der seit einer Weile so weit weg war von den Eltern und ihr, dass sie nur die kurzen Urlaube und arbeitsfreie Tage zusammen verbracht hatten. Den alternden Eltern war es ein wahrer Festtag, wenn ihr Junge nach Hause kam; das verstärkte sich, als die achtzehnjährige Tochter in der nahegelegenen Stadt, in der Fabrik, integrierender Teil der Maschinerie Fleisch-Eisen-Bildung wurde.

„Und du?", tritt zu ihr die Rothaarige, deren freundschaftliche Annäherung die anfangs schrecklich fremde Umgebung erträglich machte.

„Wenn du nichts anderes vorhast, komm mit uns in die Berge. Heute Nacht schläfst du bei uns und in der Früh brechen wir auf."

Das Mädchen suchte verlegen nach Worten, wie jemand, der nicht wusste, wie man sich für die Aufmerksamkeit bedanken sollte. Die Unsicherheit, dann sofort die Gewissheit, dass sie etwas anderes will, erstickte jeden anderen Gedanken in ihr. Halb freiwillig, halb aus Unbeholfenheit überließ sie sich einer Idee, die sie in eine unruhige Erwartung versetzte.

„Nein", sagte sie, „morgen besuche ich meine Eltern."

„Ich bestehe nicht drauf", antwortete ihre Freundin, spürend, dass sie mit ihrer Meinung wie der Vogel ist, der glaubt, dass er durch die Fensterscheibe fliegen kann, und dass die Verwunderung und nicht der Zusammenprall ihn benommen gemacht hat.

Der Gongschlag signalisierte das Ende der Schicht. Ein Teil der herausströmenden Mädchen ging unter den Rundbögen entlang, oder sie hakten sich bei den Männern unter, die auf sie im Schatten der Bäume gewartet hatten. Der Rest ging allein oder mit einer Freundin im Einklang mit der begleitenden Symphonie der klacken-

den Absätze, die immer stärker in die verzweigten Adern der Stadt eindrang.
Wie ein unsichtbares Teilchen nach verborgenen Gesetzmäßigkeiten im Blutstrom treibt, schwebt im Leben ein unberechenbarer Mechanismus.

Im Treppenhaus lächelte sie über den Gedanken, dass die Hauswirtin bei jedem Quietschen der Tür immer und unmittelbar durch die ständig offenstehende Tür hinausschaut. Sie trat ein und stand ungläubig vor dem Heiligtum der Neugierde: Die Tür war verschlossen! Sie schaltete das Licht in der Küche ein und nahm Mineralwasser aus dem Kühlschrank. Sie griff nach dem Wasserglas. Auf dem Tisch ein Zettel: „Wir sind mit dem Abendzug zu den Enkeln gefahren. Wir bitten Sie, wenn Sie das Haus verlassen, das Wasser und das Gas abzustellen. Am Nachmittag ist Ihr Bruder angekommen. Netter Junge. Ansonsten können Sie das Sofa im Wohnzimmer benutzen. Das Kissen und die Decke habe ich vorbereitet. In Liebe, Tante Sára."
„Sehr großzügig", dachte sie, und die zwischen den Zeilen diskret verborgene Anspielung erregte sie auf eine bisher noch nicht gekannte Art. Ihre Augen strahlten vor Freude; das Strahlen floss durch den ganzen Körper. Leise drückte sie auf die Türklinke. „Mein Brüderchen ist da." In ihr tobten die Erkenntnis und eine unfassbare, geheimnisvolle Freude. Sie schaltete das Licht nicht ein. Im Dunkeln tastete sie sich bis ans Bett, wo sie ihren Bruder ahnte, und mit unterdrücktem Atem lauschte sie den Geräuschen des schlafenden Jungen. Dann trat sie

zur Seite, zog das Kleid aus, warf die Unterwäsche in die hintere Schrankecke und zog ein frisches Nachthemd an. Von der Straße schimmerte ein weicher Schein durch, der ihren Körper umspielte. Mit jugendlichem Stolz schaute sie sich an: die hohe Stirn, die großen braunen Augen, der schön konturierte Mund, das weich auf die Schultern fallende Haar. Das Nachthemd glättete sich auf ihren Brüsten und ließ kokett spitze, harte Brustwarzen, den anmutigen Verlauf der starken Hüften und die rundlichen Schenkel, die angespannten Sehnen und die schlanken Knöchel erahnen. Sie merkte, dass man sie anschaute, und drehte sich um.

„Hallo", ließ sich die liegende Gestalt auf dem Bett vernehmen.

„Was für eine Überraschung, dass du hier bist!", brach die Freude aus dem Mädchen heraus, die ihn sofort umarmte und küsste; den Bruder, den sie so lange nicht mehr gesehen hatte.

„Dein Oberlippenbart kratzt." Sie lachten, und dann, im verdichteten Schein der geheimnisvollen Verborgenheit der Nacht, betrachteten sie sich einander lange.

„Hast du geschlafen?"

„Nein. Ich habe nachgedacht."

„Nachgedacht? Worüber?"

„Über mich. Wie ich mal war. Ich war ein seltsamer Junge."

„Wohl wahr, du warst nicht wie die anderen Jungen. Du warst eigenartig. Dann, wenn die Kraft und der Mut die Hierarchie der Jugendlichen festzulegen pflegten, ist es dir gelungen, deren Bewunderung und Verehrung zu

D.
2009
MAR

erlangen, ohne dass du jemals Gewalt angewendet hättest. Ohne dass ihnen das bewusst war, haben sie deine Intelligenz bewundert.
„Und meine jüngere Schwester!"
„Lass das Sticheln!" Spielerisch packte sie ihn an der Gurgel, wonach ihre Hand auf seiner muskulösen Schulter zur Ruhe kam. Sie spürte die Adern pulsieren.
„Ich war im Betragen so gut, dass ich mich zwischendurch bemühte, alle Grenzen, die Gesetze, deren logische Erklärung ich nicht fand, zu überschreiten. Erinnerst du dich? Wir hatten verschiedene Obstsorten im Garten, ich aber ging mit Vorliebe Obst aus Nachbars Garten klauen."
„Verbotenes schmeckt süßer."
„Vielleicht ist das die Erklärung, aber ich könnte es auch anders ausdrücken. Du wolltest nie mitkommen. Ich konnte dich nur sehr schwer überreden."
„Ich fürchtete mich vor der Enttarnung, und dann war da auch noch das Schamgefühl."
„Aber als wir auf verbotenem Boden waren, hast du dir Zeit gelassen, du hattest es nicht eilig."
„Du wärst mit ein, zwei unreifen Früchten davongelaufen, ich aber, wenn ich schon das Risiko eingegangen bin, wäre bis zur Sättigung dort geblieben. Seltsamerweise verschwanden dann manchmal mein Angst- und Schamgefühl. Erst nachdem ich aus der Gefahrenzone war, läuteten bei mir die Alarmglocken."
„Eigentlich war ich feige. Wenn es mir hie und da gelungen war, meine Hemmungen zu überwinden, war das nicht mein Verdienst, sondern der starke Wunsch meiner Sehnsüchte. Aber auch danach blieb ein bitterer

Nachgeschmack, weil ich mich keinen Augenblick in das, was ich gemacht habe, hineinversetzen konnte. Bis zuletzt hatte ich das Gefühl, dass mich jemand beobachtet, und das hat in mir eine ständige Unruhe ausgelöst. Meine Taten waren wie die eines Langstreckenläufers, der an einer Bude mit Süßigkeiten in zum Teller mit Gebäck greift, und bis er seine Hand an den Mund führt, nur noch ein paar Krümel übrig lässt."

„Ich verzichte darauf oder warte auf den geeigneten Augenblick."

„Kannst du so sehr deine Sehnsüchte beherrschen?"

„Fast. Hast du Hunger?"

„Nein." Er verzog sich zur Bettkante und machte seiner Schwester Platz.

„Wir haben schon lange nicht mehr zusammen geschlafen", sagte das Mädchen und schlüpfte unter die von ihm vorgewärmte schwere, warme Decke. Sie unterhielten sich lange und sagten einander Kosewörter. Später erübrigten sich die Worte. Die Erinnerungen verkehrten zwischen den beiden Bewusstseinssphären auf unsichtbaren Wegen. Es gab noch ein Aufblitzen der Nüchternheit: „Morgen gehen wir nach Hause die Alten besuchen". Sie schmiegte sich an ihren älteren Bruder. Und eine herrlich wohlige Wärme durchrieselte sie von Kopf bis Fuß.

Sie träumte. Sie badete nackt im unendlich wogenden Wasser, in dem die Sterne verrückte Spiele trieben. Der Mondschein funkelte in tausend Farben. Der Schaumschleier auf ihren Rundungen ist die Vermählung von Schein und Schatten. Und dann sah sie ihr Antlitz sich spiegeln in der Tiefe, leuchtend wie geschmolzenes Gold. Eine große Welle kam, sie fiel hin und so wie sie im streichelnden Wasser versank, gelangte ihr Abbild nach oben, und dann war sie gar nicht mehr sie selbst, sondern ein Mann mit glitzerndem Körper, der sich aus dem Mond löste, so langsam wie fließender Honig. Er näherte sich ihr immer mehr, sie spürte die Last, der Atem beschleunigte sich. Fern von jeglicher irdischen Unruhe spürte sie, dass es kein Unten und kein Oben gibt, und dass in dieser verzauberten Welt der Sensualität die Zeit stehen bleibt. Wie in die Strömung geratene Blätter wirbeln die Körper herum. Alles, was sie im Inneren spürte, war, als ob sie es von außen sähe. Aus ihrem Schoß heraus strömte, durch den ganzen Körper, so etwas wie an Schmerz grenzende Wonne, alles verschwand drumherum, sie schwebte allein in einer großen roten Kugel, ohne Erinnerung, umwoben von einer Ruhe, wie die Unbeweglichkeit der Blumen vor Sonnenaufgang. Danach spürte sie, dass ihre Glieder unter der Haut zusammenfielen, auf der eine Million silberne Sandkörner verstreut waren, die sie in ein unerklärliches Glücksgefühl eingehüllt hatten. Goldene Körner schwebten auf den eindringenden Strahlen der Morgensonne. Die zarte Hülle der Traumblase zerplatzte bei der ersten Bewegung. Die wirren Ranken der Ahnung dessen, „was passiert ist“, verflochten sich mit ihrem wach werdenden Verstand, der sie einen dumpfen Druck an den Schläfen spüren ließ. Langsam richtete sie sich auf, und dann erst fühlte sie das durchnässte, ernüchternde, auf ihrem durchgebürsteten Körper haftende Nachthemd.

SOAP

D.
2009

Auf dem Sessel neben der sorgfältig zusammengefalteten Hose des Bruders lag ihr nachlässig hingeworfenes Kleid. Taumelnd stand sie auf. Sie öffnete die Balkontür. Die ins Zimmer hereinströmende Mailuft wirbelte die würzigen Ausdünstungen der Drüsen auf. Ans Nachthemd festgekrallt und mit angehaltenem Atmen ging sie ins Bad, als stiege sie über schlafende Körper. Sie badete ausgiebig, wie jemand der eine lange Zeit den Segen des warmen Wassers vermisst hat, das nun auf seinen Körper einschlägt.

Später, auf der Straße, inmitten des Getümmels auf dem Weg zum Bahnhof schlendernd, fragte sich das Mädchen, wie man sich bei einem Mann unterhaken kann, ohne dass diese Haltung nicht eindeutig und zweifellos schwesterlich erscheint ...

Rebellion

Die Müdigkeit legt ihm eine trübe Linse auf die Augen. Er versucht zu schlafen, aber wie ein aus tiefen Gefilden kommendes Gemurmel wiederholt sich ständig ein Satz: „Dein Vater ist schwer krank.“ Seine Tante hat ihn angerufen, um das mitzuteilen. Sie sprach mit so einer gewissen Betonung, die dem Ganzen Gewicht verlieh. Er versucht, an nichts zu denken. Die auf der Bahnfensterscheibe klebende Dunkelheit spiegelt das Abteil wider, was ihn dazu verleitet, die Mitreisenden heimlich zu beobachten. Eine stark geschminkte Frau mittleren Alters versucht, ihren jüngeren Partner zu bezirzen und ihre Hand unter sein Hemd zu schmuggeln, aber ihr großer Siegelring bleibt ständig im Hemdstoff hängen. Ein Mann blättert in einem Almanach. Ein paar Soldaten mit Klappender Kiefern, reichen einander die noch halbvolle Schnapsflasche. Das eintönige Rattern der Räder vermischt sich mit einem Stöhnen und Schluchzen. Er döst vor sich hin.

Im vollen Saal großer Lärm. Kinder und Eltern beobachten das Podium, auf dem der Schulleiter den besten Schülern Bücher als Anerkennung. Er hört seinen Namen. Er ist überrascht. Darauf war er nicht vorbereitet. Er versucht sich aus der Fleischmasse zu befreien. Sein

Name wird wiederholt. Mehrere Personen rufen, nach links und rechts schauend, seinen Namen. Sein Hals ist trocken, seine Schläfen pochen. Er ist traurig und verzweifelt. Er ist soweit klar im Kopf, um zu begreifen, dass das ‚kein normaler Seelenzustand' ist. „Beeil dich, Junge", sagt der Rektor, als er ihn bemerkt. Mit einer theatralischen Stimme, wie wenn im Zirkus eine neue Nummer angekündigt wird, teilt der Schulleiter der Menge mit, dass der Junge mit seinen Zeichnungen einen Wettbewerb gewonnen hat. „Wir sind alle stolz auf ihn. Applaudieren wir!" Er spürt die Last der Öffentlichkeit und fürchtet, sich lächerlich zu machen, weshalb seine Bewegungen noch unbeholfener werden. Vorhin hätte er sich noch gewünscht, dass seine Eltern da wären, aber jetzt freut er sich, dass sie zu Hause geblieben sind. Nach der Entgegennahme des Buches geht er nicht mehr zu seinem Platz zurück. Mit wirren Gefühlen geht er nach Hause. In schicksalhaften Augenblicken ist er immer allein gewesen. Sein ganzes bisheriges Leben hat er es so empfunden: Sein Vater gehört zum anderen Lager. Er hätte von ihm keine Hilfe erwarten können. Wenn er an ihn dachte, sah er ihn immer in einer Drohpose. Vielleicht ist es deshalb so, dass der Junge sich auch Gott nicht als liebenden Vater vorstellen kann. Er sieht in ihm den Großen Bestrafer, der unfähig ist, die Macht und die Liebe zu vereinen. Anfangs hat er ihn gedemütigt, gebrochen, sich verweigert. Der arme barfüßige Bettler war für ihn das Symbol der Liebe. Später hat sich der stille Aufstand in seinem Herzen eingenistet. Jetzt irritiert ihn die Unfähigkeit zu lieben, die säuerlich stinkende

Passivität. Statt der Einsamkeit des Eremiten hat er den Rebellen Christus gewählt.
Zu Hause findet er seine Mutter weinend vor. Vater hält in einem ungewohnt hohen Ton seinen endlosen Monolog: „Wo warst du?" Wortlos reicht er ihm die Urkunde. „Was ist das? Du sollst beim Lernen Erster sein!" Er wirft die Urkunde zur Seite.

Am selben Tag, an dem er sich für den Ausflug der Ausgezeichneten vorbereitet, geht sein Vater mit einem Lineal auf ihn los, und mit wutverzerrtem Gesicht schlägt er ihn (ohne sich zu erinnern warum) so lange, bis das Lineal in mehrere Stücke zerbricht. Wortlos lässt der Junge alles über sich ergehen, achtet aber darauf, sein Gesicht zu schützen. Mit kaltem Hass, aber auch mit Mitleid, schaut er den Vater an, der dann noch wütender wird. Der Vater kann es nicht ertragen, dass er vor ihm keine Demut zeigt. Seine Mutter eilt ihm lauthals zu Hilfe. Der Junge hält sie zurück. Er will nicht, dass Vaters Wut, wie so oft schon, auf die Mutter umschlägt. Er wartet, bis der Vater seine sadistische Neigung an ihm befriedigt hat. Es dauert eine Weile, da sein Vater es gern hätte, wenn er mit Tränen in den Augen und jammernd um Verzeihung bäte wie seine ältere Schwester es schon immer getan hat. Er kann nicht um Verzeihung bitten, wenn er sich nicht schuldig fühlt. Er empfindet nichts, nur eine große Leere. Die inneren Schmerzen erträgt er schwerer. Ungefähr zu der Zeit erwacht in ihm die Sehnsucht zu fliehen. Er verlässt seinen Körper und beobachtet aus der Ferne die Welt im Kampf mit ihren inneren und äußeren

Gesetzen sowie auch sein eigenes in dieser Welt verlorene Ich. Vom künstlichen Rausch hielt er sich instinktiv fern. Die Moral spielte für ihn keine große Rolle, eher offenbarte sich auch hier der Verteidigungstrieb: Man soll sich keinen Augenblick aus den Augen verlieren. Später versuchte er, ausgedacht oder spontan wie im Drehbuch, sich und seine Kameraden zu lenken. Anfangs aus Spaß, später von einer konfusen Bestimmung getrieben. Zu diesem Zeitpunkt fing er bereits an, seine Befangenheit abzulegen. Allerdings konnte er sich nicht ungetrübt über seine Erfolge freuen. Die eigene Rechtfertigung und eine unentschlossene Sehnsucht nach Rache zehrten ihn auf.

Im Zug füllten sich seine Augen unter den Lidern mit Tränen. Er hätte gerne seinem Selbstmitleid freien Lauf gelassen, aber seine rigorose Selbstbeherrschung hinderte ihn daran. Als er die Augen öffnete, lächelte er die gesprächigen und witzelnden Weggefährten so natürlich und befreit an, dass diese seine Stimmungsänderung, genauer gesagt, die augenblickliche Schwankung seiner Selbstbeherrschung, gar nicht bemerkten. Größer war seine Sorge, die äußeren Verletzungen während des Ausflugs zu verbergen. Später konnten nicht einmal die einsam verbrachten Weihnachten, an denen es nur Schmalzbrot gab, dieses gnadenlose innere Gleichgewicht stören.

Die Soldaten schlafen und schnarchen, das seltsame Paar hat sich beruhigt, der Mann mit dem Kopf im Almanach schnarcht auch. Allmählich erscheinen die morgendlichen

Lichter der Stadt, und am Zugfenster rauschen bekannte Gebäude, Straßen, Brücken vorbei. Die Ankunftsfreude fehlt. Es ist eher wie das Zurückspulen eines Films. Wir drehen ihn zurück, damit man ihn besser versteht, um eine Bewegung zu entdecken, die wir bisher übersehen haben; ein letztes Mal, damit der Film endgültig in der Klamottenkiste verschwinden kann. Still nimmt er von der Ablage sein Gepäck herunter und verlässt das Abteil. Der Bahnhof am Morgen: verschmierte Graffiti. Das blasse Morgenlicht und der aufsteigende Dampf lassen die Umrisse, die Farben, die zusammen- und auseinanderlaufenden Gleise, die Schwellen, die Säulen, die Pfeiler, die Bahnsteige, die Stufen, den Kiosk verwischen und in einem matten Glanz erscheinen. Bis zum Stillstand des Zuges pustet die geschminkte Frau ihm von hinten in den Nacken. Dann: „Joschkaaaa!" brüllt und winkt sie wild einem kahlköpfigen kleinen Mann mit gestutztem Oberlippenbart, der mit schmierigem Friseurlächeln seiner Herzerwählten zurückwinkt.

Seine Schwester öffnet ihm die Tür. Die Familienmitglieder mit ihren erschöpften Gesichtern hocken verstreut in verschiedenen Ecken der Wohnung herum. „Hast du Hunger?", „Iss etwas!", „Willst du dich ausruhen?" Er küsst sie alle der Reihe nach auf die Wange und geht danach im Kreuzfeuer ihrer Blicke in Vaters Zimmer. Ein muffiger Geruch schlägt ihm entgegen. Auf dem Bett eine gelbe Wachsfigur. Auf dem Nachtschränkchen eine Arzneimittelausstellung. Er prüft lange das fremde Gesicht, als ob er einen freundlichen Gesichtsausdruck suchen würde. Hervorstechende Wangenknochen, starres Gesicht, gegerbte Haut, durchfurchte Erscheinung, vertrocknete Augenlider, tiefliegende, geschlossene Augen. Der mehrtägige Bart macht das Ganze noch gespenstischer. Manchmal zucken die Gesichtsmuskeln, dann röchelt eine matte Stimme aus seinem Hals. Der Junge versucht, der Situation entsprechend, Gefühle in sich zu erwecken. Es geht nicht. Er spürt einen starken Brechreiz. Er flüchtet aus dem Zimmer. Die Familienmitglieder schauen ihn erschrocken an. „Ist dir schlecht?" Er wehrt sie ab und rettet sich ins Badezimmer. Während das Warmwasser in die Wanne fließt, wäscht er sein Gesicht mit kaltem Wasser. Er zieht sich aus und beobachtet seine Bewegungen. Der Duft der Grünapfel-Seife vertreibt all die sich noch in seiner Nase befindlichen Gerüche. Er liegt lange bewegungslos in der Wanne. Mit leisem Zischen verschwindet der Badeschaum allmählich von der Wasseroberfläche. Seine ältere Schwester tritt mit einem Handtuch in der Hand ein, und während sie es aufhängt, lugt sie verstohlen zur Wanne: Nicht, dass ihm was fehlt? Beruhigt entfernt sie sich. Er räkelt sich im Wasser, und erst jetzt merkt er, dass es abgekühlt ist. Er zieht den Stöpsel aus der Wanne und seift sich ein. Nach einer heißen Dusche rubbelt er seinen Körper mit dem Handtuch ab. Einige Minuten lang tigert er durch die Wohnung, aber die Friedhofsstille und die säuerlichen Gesichter treiben ihn aus dem Haus. Im Hof sucht er alle Ecken und Winkel ab. In der Holzkammer, die jetzt voll von altem Plunder ist, nimmt er seine alten Schulhefte in die Hand. Sein Blick bleibt an einem dicken Heft mit vollgekritzeltem Deckblatt hängen: „Djuwetsch" steht mit wirr in allen Richtungen stehenden Buchstaben drauf. Er öffnet das Heft: „Das Bein des Pferdes blutete, und das Blut vermischte sich mit der Erde. Der Alte fluchte und schlug das in den Dreck gesunkene Pferd."

„Kuszi berichtet der Chemielehrerin von der Olympiade der Schulfächer. ‚Ich schreibe die Themen auf', sagt er und fängt an, den Zettel in den Hosentaschen zu suchen. Levi dreht sich nach hinten: ‚Pass auf, nicht dass du etwa die Adresse einer Nutte vorliest!', murmelt er zwischen den Zähnen. ‚Sag' es laut, Bartha!' ermahnt ihn die Lehrerin. Die Klasse bricht in Gelächter aus!"

„Das Ganze ist ein Gemeinschaftsgrab."

„Schau dir die Propheten an: auf dem Kopf des einen eine Dornenkrone, der andere schwitzt Fett aus seinem Wanst aus. Nehmt euch in Acht vor bauchigen Christen!"

„Die Zukunft ist eine Reihe von Gegenwarten, die der Veränderung unterworfen sind."

„Onkel Tamás, der Pförtner des Internats: ‚Christus woor der erste Kommunist, weil er dem Volk Gutes tun wollte.'"

„Der Strohsack der alten Tante Amáli war aus Wehrmachtssäcken zusammengenäht. Im Sommer, wenn sie den Strohsack zum Lüften in die Sonne legte, sah man das Hakenkreuz."

„Inventur in Vaters Laden: Defizit, Manko, Zwanzigtausend. Beim Mittagessen löffeln alle wortlos. Vater kann

nicht essen, er verlässt den Tisch. Mutter weint. Auch ich schaue mir die Buchhaltung an: Vielleicht ..."
„Genosse K., des Volkes Sohn, erzählte lispelnd auf einer Sitzung des Ungarischen Kommunistischen Jugendbundes: ‚Also liebe Genossen, ich habe mich im Parlament beinahe verlaufen, weil es dort so viele Türen gibt. Als ich auf den Fluren herumirrte, sah ich auf einmal ... Na, was denken Sie denn? Also Ihn, den Genossen C., mit dem Genossen F. und anderen Genossen. Also Genossen, ich habe mich so erschrocken, dass ich nicht wusste, wo ich mich verstecken soll, damit sie mich nicht bemerken. Aber Genosse F. sah mich und rief von weitem: ‚Ich grüße Sie, Herr Genosse K. Wird es Milch in Hargita geben?' Ich, liebe Genossen, antwortete verlegen, aber stolz: ‚Es wird, sicher wird es Milch geben.'"
Einen Zigeuner fragten sie mal: „Was macht man aus Pflaumen?"
„Pflaumorium, bittscheen, mein Herr!"
„Aus Äpfeln?"
„Apflorium, bittscheen, mein Herr!"
„Und aus Nichts?"
„Ein Seminarium, bittscheen, mein Herr!"

Eine vom Linienblatt geführte nervöse Schrift. Es ist eine bekannte und trotzdem fremde Welt. Vergilbte Seiten, zitternde Hand: Es ist nicht die seine. Die Zeit ist jetzt wie ein zu eng geschneidertes Kleidungsstück, dass eine schlechte körperliche Verfassung erzeugt; was dem Träger aber zu spät bewusst wird. Von den Brettern hängen staubige Spinnweben herunter. Für einen Augenblick ist es, als ob er Gefangener der Spinnweben sei oder als ob er in dieser verdichteten Zeit auf sich selbst warten würde. Er blättert weiter, während seine Finger immer sschwerer werden vom Staub, der sich auf sie legt.

„Großmutter lag mehr als ein Jahr lang mit Gehirnblutung im Bett. Sie war bis zum Schluss bei Bewusstsein, nur reden und sich bewegen konnte sie nicht mehr. Die Arme hätte so gern etwas gesagt, sie strengte sich an, wie die Stummen es tun, aber aus den unartikulierten Tönen entstand kein sinnvoller Satz. Sie weinte, als sie sah, dass wir nichts verstanden. Am späten Abend kam meine Tante mit der Nachricht, dass Großmutter verstorben sei. Meine ältere Schwester und ich hatten gelesen. Mutter kam weinend herein und stammelte bemüht: ‚Eure Großmutter ist gestorben'. Wir haben das Buch beiseite gelegt und lange gebetet. Mutter kleidete sich in Schwarz und ging mit meiner Tante weg. Zuvor fragte sie Vater noch: ‚Kommst du nicht mit?' Vater: ‚Wozu? Bis morgen früh kannst du ohnehin nichts machen.' Am nächsten Morgen haben die Frauen Wasser warm gemacht, um Großmutter zu waschen. Sie baten mich, den schweren Körper herunterzuheben. Mich graute und ekelte es gleichzeitig davor, aber ich traute mich nicht, nein zu sagen. Sie haben ihr das Nachthemd ausgezogen. Ich habe die feuchten, nackten Schultern gehalten. Vom einjährigen Liegen hatte sie begonnen zu verfaulen. Trotz der Tatsache, dass ich mir danach lange die Hände mit duftenden Seifen gewaschen habe, hatte ich das Gefühl, dass sie noch unrein sind. Es war

D.
2009

ein heißer Sommer. Omas Körper war so aufgedunsen, dass sie den Sarg nur mit Mühe schließen konnten."
„Sie riefen die Leichenbeschauer des Dorfes, um den Tod festzustellen. Der Oberarzt fragte Onkel Álozsi: ‚Onkel Álozsi, woher wissen Sie, dass der Tote dood ist?' Der Alte zuckte selbstsicher mit den Schultern und sagte: ‚Davon, bittschön, weil sie alle weinen.'"
„Öcsi und Szuli reden in der Toilette über Szulis und Gittas Verhältnis. Plötzlich rümpft Öcsi vom Gestank die Nase.
„Szuli, spürst du was?", fragt Öcsi.
„Ich kann nicht nein sagen, ich spüre auch was, aber Gitta fühlt mehr für mich."
„Aschermittwoch (Bedenke, dass du aus Staub wurdest und zu Staub wirst ...) aus der Kirche kommend, habe ich Folgendes entdeckt: Die Hundehütte befand sich neben dem Blitzableiter, die Hundekette war daran befestigt."
„Zirkus. Vater überschüttet Mutter mit zahllosen derben Flüchen. Ich schäme mich, sie hier niederzuschreiben. Mutter verliert die Fassung und fällt über ihn her. Vater schlägt sie. In mir geht die Alarmglocke los. Meine ältere Schwester zittert und schnieft. Ich stelle mich zwischen die Eltern. Mutter tritt zum Tisch, nimmt das Küchenmesser und stößt es ins Brot: ‚So ersteche ich dich!' Vater schlägt erneut zu. Ich schubse ihn weg. Dann reiße ich ihr das Messer aus der Hand. Auf einmal beruhigt sie sich, geht taumelnd zum Bett und fällt darauf. Sie ist kreidebleich. Meine Schwester eilt zu ihr, streichelt Mutters Gesicht. Plötzlich schreit meine Schwester: ‚Sie ist gestorben!' Mir stockt das Blut. Ich greife nach einem

Glas Wasser und gieße es ihr auf die Stirn, massiere ihre Gelenke und die Herzgegend. Langsam kommt sie zu sich. Sie weint innerlich. Erneut beginnt Vater mit seinem Monolog. Sie solle jetzt endlich damit aufhören, schreit er sie an. ‚Pass bloß auf, wie du mit mir redest!', faucht er, dann aber hört er damit auf. Eine ganze Woche lang spricht er mit keinem von uns. Meine Mutter, die wie eine wandelnde Tote herumläuft, stellt ihm das Essen vor die Tür. Manchmal isst er es, manchmal kommt es auch vor, dass er demonstrativ ein Stück Speck aus der Speisekammer holt und dann diesen isst. Ich hasse ihn!"

Der Sohn hört auf zu blättern, klemmt das Heft unter den Arm und geht zum am Stadtrand vorbeifließenden Fluss, wo er so viele sorgenfreie Stunden in seiner Kindheit verbracht hat. Er streunt einige Zeit am zugemüllten Ufer entlang, dann setzt er sich hin und öffnet abermals das Heft.

„Wie wird meine Zukunft? Ich weiß es nicht. Aber in einem Punkt bin ich mir sicher: Ich hasse die Eintönigkeit, also werde ich agieren, erschaffen und kämpfen!"

Er zieht eine Grimasse und blättert hektisch weiter, bis er zu dem Blatt in der Mitte des Heftes gelangt. Er reißt es heraus und fängt an, das Blatt zu falten, zuerst ungeschickt, planlos dem Gefühl nach, danach in der einst gelernten Reihenfolge. Es entsteht ein etwas schiefes Boot.

Sauer zerknittert er das Boot und wirft es weg; dann reißt er ein anderes Blatt aus dem Heft und beginnt erneut, es zu falten. Nach mehreren Versuchen entsteht das erste gelungene Boot, das er mit zufriedenem Seufzen auf das Wasser legt. Die Wellen übernehmen die leichte Fracht und treiben sie in eine vorbestimmte und unwiderrufliche Richtung. Er kreiert weitere Boote und vertraut sie dem Gang der Wellen an. Zeit und Raum hören auf zu existieren, und das beleidigte Kind vertieft sich in das Spiel, das seine innere Welt mit den Naturgesetzen versöhnt. Die Zeit verstreicht jenseits der Wahrnehmungsgrenzen. Die Welt hört auf zu existieren, die Texte auf den gefalteten Blättern verlieren ihre Bedeutung. Die Wellen bringen keine Mitteilung hervor, sondern führen die Splitter einer in Scherben liegenden Kindheit in die Richtung der stehenden Gewässer des Vergessens.

„Vater ist gestorben." Seine ältere Schwester ringt nach Luft.

Der Junge schaut ihr ins aufgewühlte Gesicht, und mit einer Bewegung, wie wenn er etwas Begonnenes beenden wollte, schickt er das letzte Boot würdig zu Wasser. Die Wellen erheben es wie das Gewicht abschätzende Handteller und führen es zwischen erodierten Ufern dahin.

D.
OKT.

Das Nachtmahl

Während R. das Abendbrot zubereitet, hantiere ich mit dem Telefon. In dieser Zeit versuche ich herauszufinden, ob ich noch das Gefühl der Zusammengehörigkeit, die Stimmung des gemeinsamen Feuers, des ‚Wir' und ‚Uns', die alles zusammenschmelzende Harmonie, in mir trage. Umgehend beende ich die Selbstanalyse, denn je mehr ich in die Sphären der Seele eintauche, desto sicherer bin ich mir, dass das einzige herausragende Gefühl in mir die Langeweile ist. Wenn die schmackhaften Düfte des Bratens aus der Küche herüberströmen (und somit die Vollendung des Küchenwerks andeuten), unterdrückt der Hunger jegliches Gefühl in mir.

Während sie sich zwischenzeitlich am Ofen zu schaffen macht, schaut R. oft zu mir herüber, und ich deute dies so, dass es ein um Verzeihung bittender Blick ist. Um sie zu beruhigen, lächle ich jedes Mal zurück, aber es scheint so, dass mein Lächeln nicht überzeugend genug ist, da sie mich plötzlich zwickt: „Langweilst du dich?" Ich tue so, als ob ich überrascht wäre, dann gehe ich zu ihr hin und streichle ihr Haupt (das mag sie krankhaft gerne).

„Nein, ich war nur in Gedanken." Ich versuche, mich darauf zu konzentrieren, was sie macht. Ich helfe ihr, den

Tisch zu decken. Um die Stimmung zu heben, erzähle ich ihr eine Geschichte. „Weißt du, wenn ich Telefondienst habe, rufe ich oft entweder alte Bekannte an, wähle willkürlich eine Nummer, oder ich rufe die Auskunft an und frage etwas, nur um eine menschliche Stimme zu hören. Bei einer Gelegenheit habe ich das Reisebüro angerufen und gefragt: ‚Wann geht die nächste Fahrt in den Himmel?' Danach habe ich schnell den Hörer vom Ohr weg gehalten. Ich habe bereits auf den Knall gewartet und sogar meinen Atem unterdrückt. ‚Es tut mir leid, Sie sind zu spät', kam die ruhige Antwort, ‚aber wenn Sie es sehr eilig haben, geht in zehn Minuten die Fahrt in die Hölle, diese erreichen Sie noch.' Wumm! Ich stand da mit dem Hörer in der Hand. Sprachlos. Damals konnte ich nicht lachen. Ich konnte nicht glauben, dass es jemanden gibt, der die Ruhe bewahrt und auch noch über einen gesunden Humor verfügt." Wir lachten beide.
„Schmeckt's dir?"
„Ja!", Ich überlege, was ich ihr Nettes sagen kann, um sie glücklich zu machen.
Sie mag es, wenn ich über sie rede, als wäre sie die Haus- oder Ehefrau. Ich glaube, sie hat sich sehr in die Ehegedanken hineingesteigert, so dass sie keinen Rückzieher mehr machen kann. Wenn es nicht zur Eheschließung kommt, wird sie unglücklich (darin ist sie sich sicher), deshalb verzeiht und erträgt sie alles. Wenn sie aber doch heiraten sollte, kann es sein, dass sie auch dann unglücklich sein und glauben wird, wenn es nicht zur Ehe gekommen wäre, wäre sie nicht unglücklich. Ich weiß, mit mir wird sie unglücklich, aber

sie ist lieber weniger glücklich, als ohne mich zu leben.
„Wie viele Kartoffeln möchtest du?“
„Danke, es reicht.“
„Nimm noch Fleisch!“
„Danke, es reicht.“
Meistens ist die Stimmung gut, wenn wir alleine sind, aber wenn ihre Eltern dabei sind, nie. Die gute Stimmung hält aber nicht lange an. Es passiert immer irgend etwas, und dann sind Friede und Wohlbefinden dahin. Mit meinen Augen scanne ich ihr Gesicht, und wenn ich etwas Befremdliches bemerke oder etwas, das man missverstehen kann, greife ich sie an. Während sie sich verteidigt, beleidigt sie mich auch, und dann lasse ich meiner Wut freien Lauf. Wenn ich schlechte Laune habe, ist es unmöglich, dass die der anderen gut sein soll (was bin ich ehrlich zu mir, hahaha!).
Die angenehme, berauschende Stimmung verbreitet sich in der ganzen Wohnung, sogar die kühl wirkenden Küchenmöbel erscheinen freundlich. Voll beklemmender Gefühle warte ich, dass etwas passiert. Mein Allgemeinbefinden ist verdächtig gut. Wir schauen und lächeln einander an.
Es klopft kurz, unsere Blicke gehen auseinander und zur Tür hin. R.s zwei alte Freunde treten ein. Ein kalter Schauder auf meinem Rücken. Ein kurzer Blick zu R. Sie fühlt sich sichtbar bedrängt. Es herrscht bedrückende Anspannung, wie vor einem Sturm. Ich versuche, mich zu beruhigen und gute Miene zum bösen Spiel zu machen.
„Wir haben Musik gehört und sind eingetreten. Was für schüchterne Typen!“

„Setzt euch“, sagt R. Ich höre an ihrer Stimme die überspielte Aufregung.
„Biete ihnen was an“, sage ich mit neutraler Stimme.
„Ich habe auch schon daran gedacht“, antwortet sie und nimmt ungeschickt den Kuchenteller.
„Ich habe ihn selbst gebacken, mein allererster Kuchen.“
„Damit prahlt man nicht“, sage ich scherzhaft.
„Ich sage das deshalb, damit sie sehen, wie gut mein erster Backversuch gelungen ist.“
„Warte, wir haben noch nicht probiert, woher weißt du, dass er schmeckt?“, sagt D. Es folgt ein gezwungenes Lachen. R. bietet ihnen erneut den Kuchen an. Jetzt versucht G. zu witzeln: „Dann lass uns auch die Hosentaschen vollstopfen.“ Niemand lacht.
„Hat K. angerufen?“, fragt er ernst. Er bemerkt, dass etwas nicht in Ordnung ist.
„Nein“, antwortet R. (Ich bemerke, dass die Frage sie aufmuntert, ein mögliches Alibi.).
„Deshalb sind wir gekommen, um danach zu fragen.“ (Na bitte!).
„Er hat schon lange nicht mehr angerufen.“ Das sagt R. so erleichtert wie ein Ertrinkender, der sich ans Ufer gerettet hat. Tiefe belastende Stille. Sie schauen einander an und warten gegenseitig auf einen Vorschlag.
„Komm, lass uns Schach spielen gehen“, schlägt D. vor. Wir spüren alle die entspannende Wirkung des Vorschlags. Sie stehen auf. Jetzt sind sie kaum mehr schüchtern.
„Servus“, sagen sie gleichzeitig und gehen, einander

schubsend, zur Tür hinaus. R. begleitet sie nach draußen, danach kommt sie zurück und setzt sich hin.
„Bist du satt?" fragt sie leise.
„Ja!"
„Iss Kuchen!"
„Danke."
„Was ist los, warum bist du so schlecht gelaunt?"
Ich spüre, dass ich gleich explodieren werde, wenn sie jetzt nicht still ist.
„Na ja, ich habe den ganzen Nachmittag gearbeitet, damit ich dich bei Laune halte, dass du dich wohl fühlst; und du, du nimmst mir an allem die Lust."
Schluss, meine Wut hat auch das letzte Hindernis durchbrochen.
„Warum hast du deine Freunde nicht ein anderes Mal eingeladen?", bricht es aus mir heraus, und ich weiß, dass die Vorwürfe jetzt wie ein Fluss über mich hinwegfluten werden.
„Sie waren gekommen, um zu fragen ..."
„Dafür müssen sie spät am Abend kommen, was?"
„Ich habe sie nicht gerufen."
„Du hast sie nicht gerufen, dass ich nicht lache! Sie kamen von allein, was?"
„Was soll ich machen?"
„So wie sie heute um zehn Uhr abends gekommen sind, könnten sie demnächst auch um Mitternacht aufkreuzen. Vielleicht ermunterst du sie auch noch. Wer weiß, wie oft sie kommen, wenn du allein zu Hause bist!"
„Bisher waren sie das nie. Einmal nur war D. hier, als er die Karten vorbeibrachte."

„Was für ein Zufall: Damals waren deine Eltern auch nicht zu Hause!"
„Was soll ich machen?"
„Erhäng dich", sage ich nun schäumend vor Wut.
„Gut."
„Ich habe dir doch gesagt, dass du den Kontakt zu deinen alten Freunden und Liebhabern abbrechen sollst!"
„Hab ich ja."
„Den Teufel hast du!" Jetzt versuche ich, sie aus dem Hinterhalt anzugreifen.
„Was würdest du sagen, wenn dich D. immer noch lieben würde?"
„Er liebt mich nicht mehr."
„Woher weißt du das?"
„Versteh es doch, dass ich nichts mehr mit ihm zu tun habe."
„Ich seh's."
Auch dieser Angriff ist mir misslungen. Schrecklich, ich kann sie so sehr hassen, und trotzdem verlasse ich sie nicht. Wütend schlürfe ich vom Sauerkirschschnaps. In der Zwischenzeit zieht R. ab, um die Betten zu machen. Sie kommt im Nachthemd zurück.
„Komm leg dich hin!"
„Leg du dich doch hin!" Ich schaue auf meine Armbanduhr. „In einer halben Stunde gehe ich zum Bahnhof."
„Nein, nicht, mach keinen Blödsinn!" Und beißt sie sich auf die Lippen.
„Warum bis du jetzt sauer? Versteh doch, dass ich dich nicht betrogen habe!" Sie umarmt mich und hält mich fest, als ob sie mich nicht mehr loslassen wollte. Ich lass

mich überzeugen. Ich will eigentlich gar nicht wegfahren. Sie zerrt mich zum Bett. Ich lasse es zu. Danach, lustlos, als ob es mir schwerfiele, fange ich an, mich auszuziehen. Mit schalem Geschmack im Mund denke ich daran, dass wir im Nu alles vergessen haben und auch einige Minuten glücklich sein werden, bis wieder etwas passiert und ich, verzweifelt, sie unglücklich mache, indem ich sie immer mehr beleidige, bis zur erneuten Versöhnung, bis zur erneuten Unbedachtheit – ein Kreislauf, von dem wir meinen, dass er Glücklichsein bedeutet.

D.
2009
MAR

Der Gehörnte

Sie waren ein junges, freundliches Ehepaar. Obwohl sie die Montage der Rollladen noch nicht beendet hatten, luden die beiden C. und seine Freunde zum Abendessen ein. Der Hauswirt, klein, dünn, mit einem braunen Teint, ein Lipowaner von der freundlichen Sorte, redselig, großzügig. Die Ehefrau wirkte nicht weniger freundlich, aber ihre Aufmerksamkeiten grenzten an Koketterie. C. hatte mehrfach bemerkt, dass sie ihn während der Arbeit lange musterte. Beim Abendessen sprach der Hauswirt ununterbrochen. Mit vollem Mund erzählte er sein ganzes bisheriges Leben, danach befragte er die Gäste. Jeder musste von sich, seiner Arbeit, seiner Familie erzählen. C. signalisierte diskret, dass noch eine Jalousie befestigt werden müsste, worauf der Hauswirt abwinkte: Das wird schon noch. Das kann auch morgen früh erledigt werden, die Lichtverhältnisse sind dann besser, sie übernachteten ohnehin in der Stadt. Sie werden doch nicht in der Nacht nach Hause fahren. C. war aus zwei Gründen geneigt, die Arbeit am nächsten Morgen zu beenden. Zum einen, weil es sich nicht gehört, abends herumzuklopfen, und der andere Grund nahm nur in seinem Kopf Konturen an, als Teil einer schnellen Strategie. Der Ehemann stand unerwartet auf und verabschiedete sich entschuldigend von den

Meistern (so sprach er sie an). Sie sollten ihre Gläser noch leeren, sie hätten es verdient. Er küsste seine Frau und rauschte davon. Für einen Augenblick blieb die Zeit stehen, woraufhin sie die Gläser zum Anstoßen erhoben. C.'s Blick traf den der Ehefrau, sie lächelten einander an. C.'s Kameraden begannen, der Ehefrau Komplimente zu machen, die diese tölpelhaften Schmeicheleien fein, aber entschieden zurückwies. C. beteiligte sich nicht an den zweideutigen Gesprächen der Arbeiter. Wenn er irgendwann diese Festung erobern wollte, dann nur mit Hilfe einer genial ausgedachten Taktik. Den anderen flüsterte er zu, dass sie gehen sollten. Sie leerten die Gläser und gingen in die Unterkunft. C. blieb als letzter, er verabschiedete sich respektvoll, und bevor er die Stufen hinabging, flüsterte er ihr ins Ohr: „Ich komme in einer Viertelstunde zurück.“ Er wartete ihre Antwort nicht ab, da sie schon aus Anstand nein sagen würde, und wenn er zurückkäme, bäte sie ihn zumindest für eine kurze Unterhaltung hinein. Dann hätte er den Kampf zur Hälfte gewonnen. Die Frau lehnte sich an die Tür, nachdem sie diese zugemacht hatte. Eine große Ratlosigkeit überkam sie, während sie ihr Herz schneller schlagen spürte. Diesen Zustand kannte sie nicht, da ihr bisher nie eingefallen wäre, ihren Mann zu hintergehen. Sie verstand sich selbst nicht, sie verstand nicht, wie dieser Mann sie verzaubern konnte; sie hatte doch schon besser aussehende Typen getroffen, aber diese hatten in ihr keinerlei lüsterne Sehnsüchte geweckt. Er war nicht draufgängerisch, er umwarb sie nicht, er schaute nur mit diesem geheimnisvollen, tiefen Blick und sprach ohne

D.

Worte. Anfangs war sie nur neugierig, danach wollte sie ihn gerne kennenlernen, so wie einen guten Film oder ein gutes Buch. C. schüttelte seine Kameraden unter einem Vorwand ab und ging zurück.

Er wusste, dass der Ehemann bei der Arbeit war, trotzdem war er aufgeregt, als er den Klingelknopf drückte. Er hatte damit gerechnet, dass sie die Tür nicht öffnen oder ihn abweisen würde, was für ihn immer mit einer nicht zu verarbeitenden Tragödie gleichzusetzen war. Die Tür öffnete sich. Die Sekunden schlichen im Schneckentempo dahin. In der Tür ein unsicheres Lächeln, eine zitternde Frauengestalt. C. erlangte schnell seine Selbstsicherheit wieder. Der Anblick erregte ihn, aber er hatte sich gut im Griff. Ein leises Lächeln, ritterliche Begrüßung, als ob er zu einem Geschäftstreffen gekommen wäre.

In der Zeit, als er weg war, hatte die Frau gespült und die Wohnung aufgeräumt.
„Kann ich dir etwas anbieten?“, fragte sie, mit vor lauter Aufregung heiserer Stimme.
„Heute trinke ich keinen Alkohol mehr. Eventuell einen Saft oder Tee.“ Sie einigten sich auf das letztere.
Das Gespräch begann zäh. Sie sprachen über Nichtigkeiten. Die Spannung löste sich nur langsam. Die Frau war verlegen, C. müde. Dann entschloss er sich zu einem unerwarteten Schritt. Entweder gelang es oder nicht, aber er wollte sich aus diesem langweiligen Gespräch befreien. Er griff nach der Hand der Frau. Sie ließ es zu. C. zog ihre Hand zu sich, küsste sie, danach zog er

mit wohlbemessener Kraft auch die Frau an sich. Der anfänglich zarte Widerstand war eher Scham als Unsicherheit. Wild sich küssend taumelten sie durch die Wohnung.

Nur spärliches Licht im Schlafzimmer; die Flamme der dicken Kerze auf der bordeauxfarbenen Schale loderte vom Luftzug der auf das Bett fallenden Körper auf. Die Frau war gepflegt und strömte einen angenehmen Duft aus. C. fiel ein, dass er nach der Arbeit nicht geduscht hatte. Er löste sich aus ihrer Umarmung, zog sich aus und eilte ins Bad. Die Frau folgte ihm, seifte seinen muskulösen Körper ein und massierte ausdauernd seine intimen Körperteile. C. schloss die Augen und ließ zu, dass die Frau ihn beglückte, mit lauwarmem Wasser wusch und mit einem weichen Handtuch abtrocknete. Sie reichte ihm den Bademantel des Ehemannes, den er ablehnte. Er schnappte sich die Frau, legte sie aufs das Bett. Geduldig schälte er sie aus dem seidenen Negligée und streichelte genussvoll ihre rosigen Glieder, die braunen Brustwarzen, den schönen Bauchnabel und die wenig behaarte Scham. Dann, plötzlich, hielt er inne; und wie wenn ihm etwas eingefallen wäre, starrte er den cremefarbenen Körper an. Sein ausdrucksloses Gesicht zog sie an, und gleichzeitig erschreckte es sie; der kalte Blick, kühl wie ein Frühlingsregen, nahm den Körper erbarmungslos in Besitz. Irgendein Geheimnis umhüllte das Wesen des Mannes, weshalb er noch interessanter und attraktiver erschien. Endlich zusammen mit dem Mann, den sie den ganzen Abend angeschaut hatte, dessen heiße Blicke tiefe wollüstige Gefühle in ihr erweckten;

endlich passierte das, worauf sie den ganzen Abend gewartet hatte, was sie nicht in Worte fassen konnte. Der Mann schaute sie immer noch an, als ob er sie als steinernes Standbild in seine Erinnerung meißeln wollte. Dieser wortlose Blick entfachte plötzlich in der Frau eine süße Wut, gepaart mit einer unüberwindbaren Sehnsucht. Sie führte lasziv die Finger über ihren Körper, etwas verzögert über die starken Arme, die hervorstehenden Brüste. Dann fast bebend rutschten sie hinunter an die Stelle, welche die Quelle aller süßesten Wollust ist. Langsam, fast unbemerkt, öffneten sich ihre Schenkel, ungewollt auch in die Richtung, in welcher der Mann saß, der, wie ein König den Tanz der Untertanen, die Bewegungen der Frau beobachtete. Das war der Augenblick der Hingabe; die Frau spürte, dass sie nur das Eine von diesem Mann wollte und dass sie gewillt war, alles dafür herzugeben, nur damit sie es erreichte. Sie begann den Mann leidenschaftlich zu küssen und weiche Bissspuren auf seiner frisch duftenden Haut zu hinterlassen. Ihr Kopf wanderte sachte tiefer und tiefer und tiefer und erregte seine Männlichkeit mit Küssen und abermals Küssen. Das war ihr Geschenk dafür, dass er vorbeikam, dass er da war.

Sie hatte schon lange nicht mehr den herben männlichen Geschmack gespürt, da in ihrer Ehe seit einiger Zeit diese kleinen, freudvollen Spielchen aufgehört hatten. In ihren früheren Beziehungen, vor der Heirat, wollte sie mehr bekommen als geben; sie wollte den Männern diese Freuden nicht bereiten.

„Besorg's mir“, flüsterte die Frau. Das klang aus ihrem

Munde, als ob das der einzige mögliche Satz mit kosmischer Ausdehnung wäre. Sie überging seinen überraschten Gesichtsausdruck, und wie jemand, der keine Widerreden duldet, stieg sie auf ihn, schaukelte wild, wie ein in Sturm geratenes Boot. Es dauerte lange, bis dieser Sturm sich gelegt hatte. Beide stöhnten, als wären sie am Ende ihrer Kräfte. Die Frau war glücklich, aber nicht imstande, ihr schlechtes Gewissen zu beruhigen, das sie vom ersten Augenblick an geplagt hatte.

Sie respektierte ihren Mann, sie liebte ihn, sie war ihm dankbar, aber dieses neue Gefühl war ein ganz anderes, undurchschaubares; und wenn etwas nicht erklärbar ist, sind wir geneigt zu glauben, dass es eine große Sache ist. Sie spürte die Kraft, den Mut, den der Mann in ihr auslöste. Sie hätte gerne jemandem davon erzählt, egal wem, nur wusste sie nicht, wie sie es anfangen sollte. Schweißgebadet lagen sie eng umschlungen.

„Merkt dein Mann nichts?"

„Nein."

„Wann kommt er morgen früh zurück?"

„Um halb sieben."

„Stell' den Wecker, damit wir nicht verschlafen."

Während die Frau an der Uhr werkelte, versuchte C. sich vorzustellen, wie die jungen Eheleute, wie deren Alltag und die Feiertage abliefen. Einen Augenblick lang blitzte in ihm auch der Gedanke auf, was er für ein Ehemann und Partner für sie wäre.

„Woran denkst du?", fragte die Frau, während sie unter die Decke kroch.

„Betrügst du deinen Mann oft?"

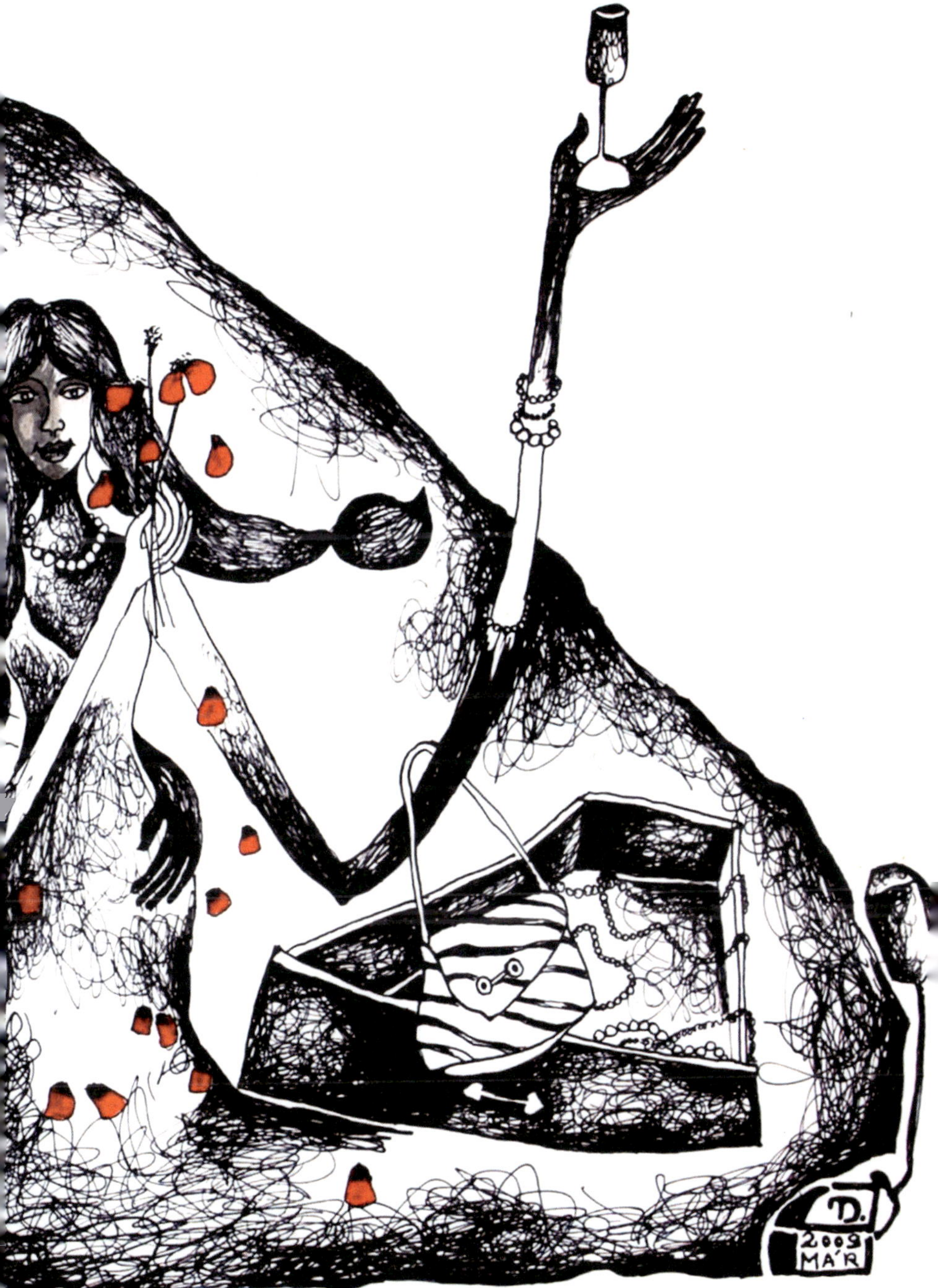
D.
2009
MA'R

„Gelegentlich ist es vorgekommen“, log die Frau, ohne zu wissen warum.
Das war ihr erster Fehltritt und sie ertappte sich dabei, dass sie sich ein bisschen schämte. Sie versuchte, ihn im Glauben zu lassen, dass sie ein leichtes Mädchen sei, dem es nicht schwerfällt, den Ehemann zu betrügen.
„Warum hast du ihn geheiratet?“
„Er ist anständig.“
„Ist das alles?“
„Wir verstehen uns.“
„Kinder?“
„Das geht nicht. Mit 18 habe ich abgetrieben.“ Das war eine steile Lüge, aber er schien ihr zu glauben.
„Warum gehst du nicht arbeiten?“
„Mein Mann ist damit nicht einverstanden. Er beschützt mich vor dem Chef.“
„Grundlos?“
„Nein.“
„Was hat er damit gewonnen, dass er dich zu Hause hält? Wahrscheinlich empfängst du ihn hier.“
„So ist es!“ Schon tat es ihr leid, dass sie so ein Bild von sich abgab. Sie ekelte sich vor sich selbst.
„Dein armer Mann!“
„Sei nicht schäbig.“
„Er tut mir wirklich leid.“
Sie sprachen noch, aber nichts erreichte ihn mehr. Er war eingeschlafen. Auf den Ellbogen gestützt sah die Frau ihn streng an, obwohl sie entspannt war. Als ob ich verliebt wäre, so scharf bin ich, dachte sie. Sie deckte ihn zu, trocknete seinen Schweiß ab, und flüsterte ihm lüsterne

Nichtigkeiten ins Ohr, als erzählte sie ihm ein Märchen.

Der Mann erwiderte ihr Streicheln, sagte nicht mehr Nettes, keine unverständlichen Wörter, er schlief mit der Gleichgültigkeit eines befriedigten Mannes. Der männlichste Typ ist im Schlaf genauso wehrlos und unschuldig wie ein Kind, dachte die Frau und sah den Mann an, bis sie ebenfalls einschlief.

Er wurde vom penetranten Geräusch des Weckers aufgeschreckt. Die Frau lag nicht mehr neben ihm. Sie hatte Kaffee gekocht. Nachdem er sich gewaschen hatte, fand er das leichte Frühstück und den Kaffee auf dem Tisch.

Süße Frau, aber ich möchte nicht ihr Mann sein, dachte er. In dem Augenblick drehte sich der Schlüssel im Schloss. C. gefror das Blut in den Adern. Die Frau schubste ihn ins dunkle Wohnzimmer. Er beobachtete die Geschehnisse durch den Türspalt. Gurrend umarmte die Frau ihren Mann, der von Arbeit und Müdigkeit gebeugt daherkam.

„Geh duschen, Liebster. Komm danach und trink deinen Kaffee. Ich hab ihn frisch gekocht."

Der Ehemann antwortete etwas, das C. nicht verstand. Er konzentrierte sich darauf, bei der erstbesten Gelegenheit aus der Wohnung huschen zu können. Es dauerte nicht einmal eine Minute, und die Frau öffnete die Tür und winkte ihm zu, dass die Luft rein sei. Leise schloss sie auf und drückte einen raschen Kuss auf seinen Mund, während C. bereits ins Treppenhaus drängte. Er winkte, und schon lief er die Treppe hinunter. Die frische Luft und der matte Schein deuteten ihm, dass ein neuer Tag begonnen hatte. In solchen Augenblicken mobilisierte sein Hirn neue Energie, mit viel Optimismus gespickt. In seinem Leben war jeder Tag ein neues Kapitel: der Anfang und das Ende von etwas.

Fratze im Spiegel

Das Mädchen ist ernst und schweigsam, ihre Hand verjüngt sich in Richtung der Finger. Wenn sie lächelt, bilden sich verschmitzte Fältchen um ihre hellblauen Augen. Das hat dem Mann mittleren Alters gefallen, der monatelang auf die Gelegenheit gewartet hat, sich ihr nähern zu können. Mit Engelsgeduld hat er sich über alles, was das Mädchen betraf, informiert. Als er entdeckte, dass sie gemeinsame Bekannte haben, fing er an, ihr Blumen zu schicken. Erst nachdem er mehrmals ihr Lächeln als Ermunterung deutete, hat er ihr den bescheidenen Vorschlag gemacht, einen Kurztrip in das nahe gelegene Erholungsgebiet zu unternehmen. Der Vorschlag kam erst, nachdem er spontane Treffen in Bars, auf Tennisplätzen oder im Schwimmbad arrangiert hatte.

Der Frau gefiel der Mann nicht, trotzdem ließ sie es zu, dass er sich ihr immer mehr näherte. Er sah zwar gut aus, aber es fehlte ihm jegliche Geschliffenheit. Mit Geld ging er prahlerisch und überheblich um. Er konnte seinen Zeigefinger nicht bewegen, weshalb er die Zigarette zwischen Mittel- und Ringfinger hielt. Während des Essens griff er ständig unter den Tisch und betatschte ihren Oberschenkel. Unerhört! Peinlich berührt und hilflos wusste

D.
2009
MAR

sie nicht, warum sie ihm das nicht verbot. Sie lächelte verstört und spürte, dass sie errötete. Sie blickte auf die großen und starken Hände. Autorität und Entschlossenheit mischten sich mit ungeschickter Grobschlächtigkeit. Auf kindische Art brach er das Brot, ungelenk hielt er die Gabel. Sie sah ihn das Geld zählen. Er drehte die Banknoten so schnell in den Fingern, dass sie ihm nicht folgen konnte. Sie wusste nicht und wünschte auch nicht zu wissen, wie diese Hände zärtlich sein könnten.

Wenn sie daran denkt, ihn nach dem Abendessen umarmen zu müssen, läuft ihr ein kalter Schauder den Rücken herunter. Sie versucht, es abzuwehren. Die offensichtliche Chancenlosigkeit ist die Mutter des bitteren Verzichts. Nur ein Sklave kann sich so fühlen, wie sie jetzt empfindet. Sie hat sich wider besseres Wissen gleichsam verkauft.

„Warum bist du schlecht gelaunt?“, fragt er das Mädchen, während er auf den dritten Knopf im Aufzug drückt. Das Mädchen antwortet nicht. Verstörtes Lächeln im Gesicht. Sie folgt dem Mann wie eine Schlafwandlerin. Sie will an nichts denken. Sie sitzt auf der Bettkante und schaut sich das Zimmer an. Stimmungsvoll.

Die vielen zu erahnenden Rundungen, der Brust, des Bauches und der Schenkel. Der flaumige Nacken – reifer Pfirsich – bebt bei der Lippenberührung. Die Sehnsucht kann nur auf eine Art erfüllt werden. In jeglicher Erscheinungsform der Erregung gibt es einen solchen Antrieb, als ob sie zum ersten Mal die Einbildungskraft ergreift. Das Unbewusste beschränkt sich auf die Zeit zwischen dem Schließen und Öffnen des Auges. Das Mädchen kann genau den Umfang des ‚Ich' und ‚Du' beschreiben.

Schnellstens erlischt nach dem Orgasmus die Sehnsucht. Wenn sie über den Höhepunkt hinaustritt und nicht erlischt, ist das ein Zeichen der Liebe. Der Mann kehrt aus dem Bad zurück und legt sich in das andere Bett. Das Mädchen kann nicht einschlafen. Sie betrachtet die starken Schultern des Mannes. Sie wünscht, er würde sie umarmen. Sie liebt ihn nicht, sie könnte diesen Mann nicht lieben, trotzdem wünscht sie es sich. Aber er schläft bereits mit dem ruhigen Atem des befriedigten Menschen.

Er kauft ihr ein Geschenk. Sie gehen gemeinsam durch das große Kaufhaus, weil für sie das Schlendern durch die Weite des Kaufhauses schon immer ein Wunschtraum war. Sie lässt sich Zeit an Ständen, sie betastet, streichelt – wie einen Schoßhund – die Ware, die ihr gefällt. Sie beobachtet den Mann aus den Augenwinkeln, in der Hoffnung, dass er vielleicht merkt, was ihr gefällt. Er schaut sich die Regale mit dem gleichgültigen Blick der Reichen an. Das Ziel seines Blicks kann nicht ergründet werden. Er entfernt sich nicht zu sehr von dem Mädchen, bleibt aber auch nicht neben ihr. Nach einer Weile wird er bemerkbar unruhig. Er spricht zu der Verkäuferin, die etwas einpackt.

Im Wagen lächelt er das Mädchen an, bevor er losfährt. „Das habe ich dir gekauft." Er wartet, bis sie das Geschenk ausgepackt hat, danach fährt er los. „Danke." Auf dem Gesicht des Mädchens eine Mischung von Enttäuschung und Freude. Sie freut sich, dass sie ein Geschenk bekommen hat, aber nicht über das Geschenk selbst.

Sie gehen wie alte Bekannte auseinander, vorprogrammierte Gesten, ein Lächeln im Gesicht. Warum fallen diese Augenblicke so schwer? Weil sich in ihnen das Ende mit dem Anfang oder der Anfang mit dem Ende von etwas berühren.

Als sie im Zimmer allein zurückbleibt, setzt sie sich vor den Spiegel, betrachtet sich lange. Dann nähert sie sich mit dem Gesicht dem Spiegel und streckt die Zunge heraus. Ein Weinkrampf zerreißt ihre Brust.

Verrat

„Verrat“, stöhnte C., nachdem er die SMS der Geliebten gelesen hatte. Er schämte sich, nachdem ihm bewusst geworden war, dass an den Nachbartischen die Gäste ruhig und gesittet ihren Kaffee tranken. „Sie macht Urlaub mit ihrem Mann!“ Das konnte er nur schwer verkraften. Seit Beginn ihrer Beziehung, versuchte sie zu beweisen, dass sie, ihren Ehemann nicht liebte, dass zwischen den beiden sich nichts mehr abspielte; sie konnte ihn jedoch nicht überzeugen. Jedes Mal, nachdem sie zusammengewesen waren, störte ihn, dass sie zu ihrem Ehemann zurückkehrte. Mehr noch, er litt darunter. Er war eifersüchtig auf den Gehörnten. „Wenn das Selbstsucht ist, dann bin ich halt selbstsüchtig. Meine Selbstsucht ist aber ein angeborenes Mal“, dachte er.
Er trank den letzten Schluck Kaffee und legte sein Handy weg. Es ist besser, ihr jetzt nicht zu antworten. Wenn er jetzt antwortete, würde er sie sicher beleidigen. Er wird später antworten, wenn er sich beruhigt hat. Missmutig winkte er den Kellner heran, bezahlte und ging zum Parkplatz. Er musste etwas tun. Er konnte nicht zwei Wochen ohne sie sein, wohl wissend, dass sie sich mit ihrem Ehemann in einem Touristenparadies aufhielt.
Sobald er seinen Wagen sah, wusste er, was er zu tun

hatte. Ja, auch er wird dorthin reisen. Er wird eine Unterkunft in der Umgebung suchen, um in ihrer Nähe zu sein; so bestand die Möglichkeit, dass sie vielleicht nicht mit ihrem Mann, sondern mit ihm zusammenkommen kann. Er fackelte nicht lange, packte die nötigsten Sachen zusammen und fuhr los.
Fünfzehn Stunden Fahrt. Nach den ersten zwei Stunden: Fischsuppe, Kaffee, Mineralwasser. Auf der Autobahn gab er Gas, trotzdem erreichte er erst gegen Mitternacht die Plitwitzer Seen. Er übernachtete dort, damit er am nächsten Tag die Strecke bis ans Meer in einem durchfahren konnte. Er bekam ein Appartement zum Preis eines Einzelzimmers, drei Sterne, mit allem ausgestattet, aber ihn interessierten nur das Bad und das Bett. Duschen und schlafen. Ausgeruht fuhr er am Morgen weiter. Die Sonne schien ihm eine ganze Weile ins Gesicht. Sobald er sich der Adria näherte, verdichtete sich der Verkehr, die Fahrer wurden immer gestresster. Dann plötzlich verwandelten sich die Farben Grau und Grün in Blau. Er sah das Meer. Eine unerklärbare Ruhe durchdrang ihn, wie immer, wenn er am Meer war. Obwohl er noch ein paar hundert Kilometer zu fahren hatte, konnte ihn die ungeschickte Fahrweise der Anfänger nicht aus der Ruhe bringen.
In Makarska suchte er das Hotel auf, in dem seine Geliebte mit ihrem Ehemann abgestiegen war. Er schaute sich um und hoffte, sie irgendwo zu sehen. Das Hotel war menschenleer. Um diese Uhrzeit waren die Gäste entweder am Strand oder im Zimmer. Eventuell machten sie einen Ausflug mit dem Boot oder sie besichtigten

die benachbarten Städte. Er nahm sich in der Nähe ein Zimmer. Das war ein sehr einfaches Unterfangen, da auf Schritt und Tritt „sobe“ und „camere“ angeboten wurden. Er nahm das erste Angebot an. Danach brachte er sein Gepäck hinein, wonach er hinunter ans Meer ging, um lange zu schwimmen und sich im kühlen, sauberen Wasser zu erfrischen.

Da nur Hotelgäste den Speisesaal benutzen durften, nahm er in einer dunkleren Ecke an der Bar Platz. Er schrieb der Geliebten eine SMS: „Bin hier, warte auf dich an der Bar.“

Er trank bereits den zweiten Cocktail, als die Frau in der Tür erschien und mit unsicherem Blick ihren Mann suchte. C. stand auf und winkte ihr zu. Als sie ihn sah, lächelte sie, zugleich überschattete Unruhe ihr Gesicht.

„Ich bin zur Toilette, ich konnte so schnell nichts anderes erfinden“, flüsterte sie atemlos, fiel C. um den Hals und drückte ihm einen leidenschaftlichen Kuss auf dessen zum Sprechen geöffneten Mund. Danach blickte sie sich um und fragte ihn mit unterdrückter Stimme: „Wo wohnst du?“

„Hier in der Nähe.“

„Gut. Ich gehe jetzt. Ich schreibe dir eine Nachricht, ob es mir gelingt, ihn abzuschütteln. Bitte sei geduldig.“ Ihre Augen waren voll Tränen. Sie hatte ihn noch einmal geküsst und eilte zum Speisesaal. C. kam erst langsam zu sich. Er wollte so vieles mit ihr besprechen. Aber sie, ähnlich einem Geist, erschien und verschwand. Er war glücklich, dass sie gekommen war und er sie sah, unglücklich, weil sie ging.

Er spazierte zum Ufer hinunter. Sanft streichelte die Meeresbrise sein angespanntes Gesicht. Er schaute auf die langsam gleitenden Segelboote, die winkenden Feigenbaumäste am Ufer und die sich an den Felsen brechenden Wellen.
Er musste nicht lange warten. In der SMS stand nur: „Mein Mann ruht sich aus. Wir treffen uns." „Ihre Schnelligkeit und ihr Einfallsreichtum tun meiner Stimmung gut", dachte er und ging langsam zum Hotel.
„Gehen wir zu mir", sagte er, als sie sich trafen.
„OK."
„Was hast du ihm gesagt, wo du hingehst?"
„Dass ich ins Geschäft gehe, weil ich etwas vergessen habe von zu Hause mitzubringen."
„Das klingt glaubhaft."
C.s Zimmer war nicht groß, aber geschmackvoll eingerichtet. Er holte den Champagner aus dem Kühlschrank. Sie warfen sich aufs Bett, wie schon so oft. Bevor er die Flasche öffnete, küsste er sie, ansonsten spielte sich alles so ab wie bei den bisherigen Treffen, mit dem Unterschied, dass C. einen langen Vortrag begann. Er sprach über ihre nicht alltägliche Liebe, über die Treue, das Vertrauen, über das Gefühl der Entsagung und über die Hingabe. Die Frau hörte ihm mit glänzenden Augen zu. Sie versuchte sich hie und da einzubringen, zu reagieren, zu antworten, aber C. ließ das einfach nicht zu. Er reihte lange, zusammengefügte Sätze aneinander, erschuf ein wahres Kunstwerk aus schön ziselierten Worten, das er mit seinen Gefühlen durchtränkt hatte, um vor ihr zu glänzen und zu strahlen, um sie ins Staunen zu

D.
2009
FEB

versetzen. Die Frau, sie schaukelte hilflos auf den Wellen seiner Gefühlsausbrüche. Es kam für sie so unerwartet, dass sie gar nicht wusste, ob dieser Zustand angenehm oder unangenehm war. Sie spürte nur, dass ihr Sicherheitsgefühl schwand und dies nicht, weil ihr Mann in der Nähe war ...
Die eigenen Geistesergüsse begannen C. allmählich zu ermüden. Die Wogen glätteten sich. Enttäuscht drehte er sich zur Geliebten: „Na, sagst du denn gar nichts?"
„Tjaaa, was soll ich denn sagen?"
„Hast du überhaupt zugehört?"
Die Frau stand mit einem ermüdeten und angestrengten Gesichtsausdruck auf, drehte sich zu C. hin und sagte ihm nur: „Ich liebe dich."
C., wie ein wildes Tier in Lauerstellung, das in Begriff ist, sich auf das Opfer zu stürzen: „Dann mach' Schluss mit deinem Mann."
„Heiratest du mich?", fasste die Frau Mut.
C. war schockiert. Die Frage kam unerwartet wie ein Husarenhieb. Er liebte die Frau, aber es fiel ihm nicht einmal im Traum ein, sie zu heiraten. Er hatte hierfür, wie auch für alles andere, ebenfalls eine Erklärung, an die er felsenfest und unbeirrt glaubte. Aber die Frage der Frau überraschte ihn. Der Monolog hatte ihn so viel Kraft gekostet, dass er nun keine Lust mehr hatte, eine neue Argumentation zu beginnen.
„Du antwortest nicht", warf ihm die Geliebte mitleidlos vor. C. stand als Besiegter da. Er wusste, dass er nicht mehr imstande war, das Ruder herumzureißen. Er wollte Zeit gewinnen.

„Das ist nicht so einfach.“ Indem er den Satz ausgesprochen hatte, bereute er ihn auch schon. Ihm wurde klar, wie oberflächlich und geistlos er klang. Er hörte seine kraftlose und falsch klingende Stimme.
„Meine Lage ist auch nicht einfach. Es wäre gut, wenn du das verstehen würdest.“ Jetzt kotzte die Frau all die Bitterkeit ihres Lebens aus. Der Mann kuschte. Er war von der langen Reise müde. Er wollte keinen Streit aufflammen lassen. Das Zusammengehörigkeitsgefühl war nicht da, so wie es viele andere Male auch nicht da war. Wie ein aufgeschreckter Falter flog sein Blick im Zickzack hin und her und blieb am Fenster hängen. Bis jetzt hatte er sich in jedem Augenblick und mit jeder Faser seines Herzens gewünscht, dass die Frau zugegen sei; und jetzt: Der Fluchtzwang sprengte alle Fassreifen. C. war erleichtert, als die Frau auf die Uhr schaute und sagte: „Ich muss gehen. Ich komme morgen wieder. OK?“
C. nickte und umarmte sie kraftlos. Als sie ging, fühlte C. sich, als ob sie ihm etwas weggenommen hatte. Er konnte sich nicht erklären, was und warum er sich so fühlte und letztendlich wollte er es auch gar nicht mehr wissen. In seinen jungen Jahren hatte er seiner Liebsten Mohnblumen gepflückt, und als er sie ihr überreichen wollte, fielen die Blütenblätter ab. Was er damals gefühlt hatte, wiederholte sich jetzt.
Abends spazierte er lange am Ufer entlang. Der Mond, die im Wasser flimmernden Lichter, der Strom freudiger Paare und glücklicher Familien schienen unwirklich, beinah kitschig. C. war der traurigste und einsamste Mensch

am Ufer; er war sich aber sicher, dass er diese Traurigkeit überwinden und hinter sich lassen würde.
Im Morgengrauen fuhr er zurück. Während der Fahrt auf der Autobahn kam die SMS: „Ich habe auch am Vormittag Zeit, kann ich kommen?"
Er fuhr von der Autobahn ab auf einen schattigen Parkplatz und schrieb: „Bin nach Hause gefahren." Er streckte sich, trank einen Schluck Wasser und zündete eine Zigarette an.
Die Antwort kam schnell: „Warum?"
Hierauf konnte er nicht antworten. Was auch immer er geantwortet hätte, wäre banal und nicht hundertprozentig wahr gewesen. Freiheit? Unabhängigkeit? Das sind nur Worte, und Worte hatten ihn schon einmal im Stich gelassen. Er antwortete ihr lieber nicht. Er ließ den Motor an und fuhr wieder auf die Autobahn. Die grauen Farbschattierungen wurden erneut vom frischen Grün mit seiner vielversprechenden Ruhe ersetzt.

D.
2009
FEB

Nach Luft ringender Mond

Du warst mit bei, als das Schiff in den schläfrigen Hafen hineinfuhr, ich meinen sonnenerhitzten Körper im wogenden Wasser abkühlte und die in alle Richtungen davonjagenden Taschenkrebse beobachtete. Die Haftung der Schnecken auf den mit Algen bedeckten Steinen, die verzweifelten, unruhigen Bewegungen eines schlangenartigen Fisches in der halb geschlossenen Bucht; ebenfalls warst du bei mir, als ich dem seltsamen Fisch mit den Augen folgte, der immer wieder den Kopf aus seinem Versteck herausstreckte, um das andere schnell hin und her schwimmende Wassergeschöpf zu vertreiben; auch warst du bei mir, als ich die langsamen Bewegungen des Seeigels über Meeresgrund, die mein Bein anknabbernden kleinen Fische, das leise Gleiten der Segelboote und das brummende Motorengeräusch der Yachten sowie das sich gemächlich nähernde Kreuzfahrtschiff betrachtete, das – einem mittleren Sturme gleich – eine Flut von gebräunten Touristen entlud, die wie verkohlte Schweinebraten aussahen; auch du hast die aus weißen Steinen im mediterranen Stil erbaute Kapelle gesehen, in der sich der Allmächtige wohler fühlt, als in den imposanten dunklen Gotteshäusern der europäischen Großstädte, in denen Gott bestenfalls gesucht werden kann, aber nicht gefunden wird, die

Palmen, gleich den in Würde dahockenden alten, die schaumigen Wellen, die über die Felsen fließen. Nachts betrachtete ich die mattgelbe Perlenkette der Strände.

Du warst bei mir, also weißt du, wie das feine Aroma des Kaffees mundet, das seidig schmeckende Eis, das auf dem Lavastein gebratene zarte Lammfleisch, das herbe Aroma des auf dem Spieß gebratenen Hammelfleisches, das besondere Bild – einem Kaleidoskop ähnlich – und die Geschmackskavalkade der Meeresfrüchte, der einheimische herbe Rotwein, das drittklassige Fassbier, die nach Sonne schmeckenden Tomaten und der Saft aus frisch gepflücktem Obst, das natürlich und nicht künstlich heranreifte; auch kennst du die Erlebnisse, wie die Leidenschaft des sich liebenden jungen Paares oder die Lethargie der Lichtjahre voneinander entfernten Eheleute mittleren Alters.

Du warst bei mir, als ich um die halbe Insel herum spazierte, als ich deine E-Mail oder SMS las, als ich die schönen tanzenden Mädchen auf der Terrasse anstarrte, und auch dann warst du bei mir, als der Mond nach Luft rang, während der Himmel ins Meer stürzte. „Die Traurigkeit kann auch angenehm sein." Daran dachte ich, als die zerfallenen Lichtscherben in den dunklen Wellen versanken. Ich kam zur Besinnung, als ich den mit zitternden kleinen silbernen Punkten behangenen Himmel bemerkte.

Für Ordensbrüder und Dichter ist die Einsamkeit das Wahre, stellte ich fest.

Du warst bei mir auf dem Weg nach Hause zwischen den kahlen Bergen, in Städten zur Siestazeit und beim Gang durch Dörfer.

Wenn du nur da gewesen wärst, als einige pubertierende Halbstarke eine Jungfrau im Schwimmbecken jagten! Sie spielten mit dem Ball und warfen ihn absichtlich entweder dicht vor ihren Körper, damit ihr das Wasser ins Gesicht spritzte, oder sie warfen den Ball weit weg, damit sie hinterherschwimmen musste. Zwischenzeitlich schauten sie einander mit geschwellter Brust an: Schaut, auch diese konnten wir übers Ohr hauen. Aus solchen Typen werden die Frauenhasser und aus solchen Mädchen die Verliererinnen, die Opfer, die vernachlässigten und betrogenen Frauen. Du hättest das sehen müssen.

Du warst nicht bei mir, als die Arbeitskollegen über dein Haar strichen, als du mit einfältigen Männern angebandelt, auf deren Frechheiten geantwortet und überlegt hast, ob du deren Einladung zum Date annehmen sollst oder nicht.

Du warst nicht da, als du in der U-Bahn und in den Straßenbahnen die Männer angeschaut hast, in der Hoffnung, dass ER unter ihnen sei. Aber der große ER versteckt, verkleidet sich und ist schwer zu erkennen; deshalb gibt es so viele einsame Frauen.

Du warst nicht bei mir, als du dich an einem langweiligen Abend in eine Bar gesetzt, einen Cocktail bestellt und gewartet hast, dass sich jemand an deinen Tisch setzt. Du warst ebenfalls nicht bei mir, als du zu der Verabredung gegangen bist, damit du den werbenden Jungen besser kennenlernen konntest, der dann deinen Erwartungen doch nicht entsprach und in dem du dich getäuscht hattest. Du warst nicht mehr bereit, ein bestimmtes Niveau zu unterschreiten. Auch dann nicht, als du glaubtest, dich an mir rächen zu wollen, indem du mit einer männlichen Nutte ins Bett stiegst. Natürlich hast du dich am nächsten Tag vor dir selbst geekelt.

Vielleicht war ich nur zu der Zeit bei dir, als du mich bei deiner Freundin heruntergeputzt hast, dass ich so und so sei, weil ich ohne dich verreist bin. Wär ich mal besser nicht mit dir zusammengewesen.

Als wir uns endlich wieder trafen, waren wir nicht mehr zusammen. Wir waren allein. Wir hatten einander nichts mehr zu sagen. Was hätten wir auch sagen sollen? Man reicht einander keine leeren Gläser oder leere Worte. Das Alleinsein war anregend und wir waren nicht traurig. Wir wollten beide gehen.

Beinah instinktiv verließen wir in verschiedene Richtungen die Straßenunterführung.

Briefwechsel

-----Original Message -----
From: C.
To: D.
Sent: Thursday, April 26, 2012, 10:55 PM

Ich habe eine E-Mail bekommen mit Mahatma Ghandis Gedanken über die Negativenergie, über den Streit, das Misstrauen und den Hass. Ich weiß, dass es kein Zufall ist, dass ich diese gerade jetzt erhalten habe. Das Schicksal schritt öfter ein, als meine negativen Gedanken überhand nahmen und ich im Begriff war, den Verstand zu verlieren. Die negativen Gedanken und der Hass sind wie ein Bumerang, sie schlagen zurück.

So gebe ich den Kampf gegen. Schon lange hätte ich das tun müssen, denn mit Gewalt kann man niemanden zurückhalten.

Ich hege keinen Groll mehr auf dich und bitte dich auch, dass du das Üble vergisst; hasse mich nicht, weil du hierdurch auf langer Sicht nur dir selbst schadest, so wie ich mir in erster Linie selbst schadete, als ich dich vergebens angeschrien habe.

Ich hoffe, dass es mir gelingen wird, Frieden in mein Leben zu bringen. Danach werde ich meine Energie nur auf Positives richten. Ich hoffe, ich werde die Kraft hierfür haben. Gute Nacht! Ob du mich vergisst, ob du mir verzeihst, der Friede, die Ruhe und die Kraft des Schaffens seien mit dir. Küsschen.

-----Original Message -----
From: D.
To: C.
Sent: Sunday, April 29, 2012, 11:35 PM

Ich melde mich deshalb nicht, weil es jemand anderes gibt, sondern, weil ich mein Seelenleben in Ordnung bringen muss. Ich schlafe viel, ich lese, bin viel an der frischen Luft und versuche, mit positiv eingestellten Menschen zu sprechen, die mit positiver Energie auf mich einwirken. Das können Uli, meine Kinder, vielleicht Elena, meine jüngere Schwester sein. Bei ihnen weiß ich, dass sie sich Sorgen um mich machen und dir gegenüber wohlgesonnen und nicht gegen dich sind. Es braucht Zeit. Ich erledige einfach die Sachen, die liegengeblieben sind, da ich nicht einmal so viel Energie hatte, mich mit den alltäglichen Dingen des Lebens zu beschäftigen. Langsam komme ich zu Kräften und versuche, nach vorne zu schauen. Mach du es ebenso. Man darf nicht denken, dass – wenn es den anderen nicht mehr gibt – er untreu ist. Das ist Blödsinn. Wahre Liebe ist es dann, wenn du weißt, dass der andere seine Sachen erledigen kann, und wenn du irgendwann mit ihr zusammentriffst, soll nicht die erste Frage sein, mit wem warst du zusammen, du Flittchen, sondern die, wie geht es dir, mein Herz, wie war dein Tag, erzähl. Dir einen schönen Tag!

-----Original Message -----
From: C.
To: D.
Sent: Sunday, April 29, 2012, 11:50 PM

Ich halte es ein bisschen für Verrat, unsere Angelegenheiten mit anderen zu besprechen, und ich habe auch keine Lust, mit irgendjemandem zu reden. Ich flüchte mich in die Arbeit und ins Schreiben.

Der Mensch kann seine Bitterkeit durch das Schreiben zum Vorschein bringen. Sicherlich sind wir nicht alle gleich. Ich löse meine Probleme mit mir selbst, da ich im Grunde genommen stark bin, aber meine Flügel trotzdem verloren habe. Ich werde für alle akzeptabler werden, aber ich werde nicht mehr wirklich ich selbst sein. Bisher war ich bestrebt, alles zu sehen, zu wissen, zu verstehen. Nun werde ich mir genau das Gegenteil aufzwingen. Es wird ein bisschen wie Blindheit werden, aber eine zielführende. Die Inder sind deshalb nicht eifersüchtig, weil sie vom ersten Augenblick an alles, auch das Verletzende, für einen Teil des Karmas halten. Ich gehe in die Sonne, aber ich vergeude meine Zeit mit niemandem. Bin immer in Zeitnot. Aus diesem Blickwinkel betrachtet habe ich auch über dich nachgedacht, ohne Hass. Ich habe es verstanden, dass ich dich entweder so akzeptieren muss, wie du bist, oder ich entferne mich, denn ich kann von dir nichts erwarten, was du von dir aus nicht bereit bist zu geben.

Wer den Abhang hinunterrutscht und noch nicht ganz unten ist, den darf man nicht anhalten, denn er kann nur von dort unten aus eigener Kraft hochkommen. Wenn er aber noch nicht ganz unten ist, dann leistet er nur so viel, wie er zu leisten bereit ist. Das kann man akzeptieren oder nicht, aber fordern darf man es nicht. Wenn das so ist, dann ist es vergebens, dass ich oder andere dich bitten, nicht wieder so zu reagieren wie damals, als du von der Untreue deines Mannes erfahren hast. Es ist nicht wahr, dass das Abenteuer ein Muss ist, und es ist auch nicht wahr, dass das Abenteuer guttut. Wir gaukeln uns nur etwas vor. Wir betäuben nur unser Gewissen. Du bist dein ganzes Leben lang deinen Weg gegangen und wie die Glücklichen hast du alles als richtig empfunden. Es hat mich erstaunt, und gleichzeitig habe ich dich beneidet, als du sagtest: Du bereust nichts in deinem Leben. Ich bereue mehr als die Hälfte meines Lebens. Ich habe immer am Rande der Hölle gelebt und habe reichlich von deren Flammen abbekommen. Das ist aber meine Sache. Mögest du einen schönen Tag haben!

----- Original Message -----
From: C.
To: D.
Sent: Friday, May 06, 2012, 07:33 PM

Vielleicht könnte das Herz das doppelte Spiel ertragen, aber in der Wirklichkeit ist es nervtötend, weil man immer ‚Schach' und ‚Theater' spielen muss, was heißt, dass man sich immer erklären und auch flunkern muss. Das zerreibt sowohl den Täter als auch jene in seiner Umgebung, und später auch alle Beziehungen. Die Dreiecke haben nur

Gegenwart, keine Zukunft. Die Rendezvous der János-Art waren ohne Zauber. Alle geheimen Beziehungen werden nach einer Weile zur (Ent-)Täuschung. Wenn du dich nach Ruhe und Glück sehnst, suche dir also jemanden, zu dem du stehen kannst. Das Abenteuer ist wie ein unbeheizter Warteraum. Einen schönen Tag. Einen annehmbaren!

----- Original Message -----
From: D.
To: C.
Sent: Friday, May 06, 2012, 8:40 PM

Es gibt kein Abenteuer und auch keine geheimen Treffen. Es wird alsbald auch keine geben. Es gab nur dich, für dich war ich immer da. Du für mich weniger. Du hast mir nicht geglaubt. Das Spiel ist leider aus. Melde dich nicht mehr.

----- Original Message -----
From: C.
To: D.
Sent: Saturday, May 07, 2012, 08:10 PM

Regen
das Wasser
haftet auf deinen Brillengläsern
du schreitest
in dem gigantischen Tropfen
unsicher
sie setzt den Kaffee auf

kaut Cashewnüsse
auf dem Tisch ein Klimt-Album
sie hört Ravel

sie wartet nicht auf dich / sie wartet auf dich nicht.

----- Original Message -----
From: D.
To: C.
Sent: Saturday, May 11, 2012, 10:11 PM

Glaubst du, ich hatte gescherzt, als ich dir schrieb, dass du mir nichts mehr schicken sollst? Das war nicht etwa ein Witz oder irgendeine Frauentaktik, damit du mir ein bisschen Aufmerksamkeit schenkst. Ich will dich nicht sehen, ich will deinen Namen nicht lesen, ich will von dir nichts mehr wissen! Ich habe versucht, dich auszulöschen, aber es geht nicht.

Ich meine es ernst! Ich möchte die Minuten, die Stunden, die Tage, die Flashe, das Erwachen, die Freuden, den Rausch vergessen. Ich will alles ausradieren, auslöschen. Wie einfach wäre es, wenn ich wie ein Computer funktionieren könnte. Wenn mir etwas weh tut oder mir nicht gefällt, würde ich nur die Taste „DELETE" drücken und alles verschwindet endgültig. Schade nur, dass das Fiktion ist, aber wie einfach wäre alles. Leider bleibt der „Papierkorb", der alle gelöschten Informationen und Vorgänge speichert, wie die Seele es auch tut. Oft glaube ich, dass ich schon lange über alles hinweg bin, mir nichts mehr weh tun und mich nichts mehr verletzen kann, und doch reicht einfach ein Bild, ein Duft, eine Geste, und alles beginnt von vorne. Welche Technik, welche Praktiken könnten meine Gefühle auslöschen und säubern?

Der Computer kann die Vergangenheit vielleicht löschen, aber meine Seele lässt dies nicht zu. Sie macht sich unerwartet bemerkbar und schickt mir Nachrichten. Fragt mich, ob ich sie archivieren will. Von wegen will, in keinem Fall, ich sträube mich vehement dagegen und leite die nötigen vernichtenden Schritte ein. Ich versuche nicht zu denken und mein Gedächtnis, mein Erinnerungsvermögen mit Alkohol zu betäuben. Bin im Begriff, berauscht zu werden. Vielleicht wird es möglich. Jetzt wird es gut, ich kann mich beruhigen, habe alles gelöscht, zumindest glaube ich das in diesem Augenblick.

Ab morgen wartet ein neues Leben auf mich!

DW
2009
Mär

Das Aquarium

Es regnete seit zwei Tagen. Von der alles durchdringenden Feuchtigkeit sahen die Hände und die Gesichter der Menschen glänzend aus, wie zu Schmalz geworden, die Bekleidung feucht und nutzlos. Sie hatten sich in den Häusern verkrochen. Es zeigten sich nicht einmal die Teenager, die das seltsame Gefühl mögen, das bei ihnen der Spaziergang im Regen hervorruft. Ab und zu ging eilig eine nach vorne gebeugte Gestalt unter dem Regenschirm vorbei, blinzelnd und mit von der Feuchtigkeit aufgedunsenem Gesicht sowie einem angestrengten Zug um den Mund. Im engen, schlecht beleuchteten Raum des Kaffeehauses ein paar kaum wahrnehmbare Gesichter, ein Schattengewirr. Infolge der erstickenden Wärme verströmte die Kleidung einen unangenehmen Geruch. In der steinernen Stille konnten Teile einiger Gegenstände erahnt werden: gepolsterte Stühle, die roten Ecken der Tische, die glänzenden Griffe der Espressomaschine. Der Kühlschrank summte sanft, hörte für ein paar Augenblicke auf, um sogleich die pfeifende Stille wieder aufmischen zu können. Ich kauerte mich an einen Ecktisch und nahm die ausgegangene Zigarette aus dem Mund.

Durch die Scheibe der Auslage wirkte die in mattem Licht erscheinende Stadt wie ein durchleuchtetes Aquarium, dessen Ruhe nur selten von einem einzelnen merkwürdigen Lebewesen mit schwerfälligen Bewegungen gestört wird.

In solchen Momenten macht der Mensch oft zweideutige, inhaltslose oder verrückte Gesten. Das scheint natürlich, ich weiß nicht warum. Auch ich empfinde es als völlig normal und wundere mich nicht, wenn ich fast reflexartig die Streichhölzer auf dem Tisch aufreihe, sie zähle, sie wieder einsammle, um sie dann zu vermischen und erneut aufzuteilen. Die Unebenheiten des Holzes wirkten beruhigend und brachten die Spannkraft der Haut zurück.

Eine verschlafene Kellnerin stellte wortlos den Kaffee auf den Tisch, woraufhin sie hinter dem Tresen vom grellen Licht verschluckt wurde. Auf der anderen Straßenseite sah man die Gebäude: erstarrte Glasriesen im Silberschaum.

Ich weiß nicht, wie lange ich auf die Straße starrte, die vom Blasen bildenden Regen überschwemmt war (Regen, der sich mehr und mehr zu entfernen schien). Ich spielte währenddessen unentwegt mit den Streichhölzern und trank den faden Kaffee. Vielleicht waren es einige Minuten, vielleicht einige Stunden, ich weiß es nicht. Als ich dann ihre Worte hörte, die sie langsam wie sinnlose Wegweiser aufreihte, schreckte ich nicht einmal auf. Mir fiel auf, dass sie schon lange redete, aber ich weiß nicht, wann sie damit angefangen hatte. Ihre Stimme war ernst, betont und gleichgültig, wie die eines Roboters.

„Nein", sagte sie, „Sein ist nicht die Gegenwart."
Ich beließ es bei einer verschlafenen Geste. Sie fuhr fort: Sein ist nichts anderes als die Zukunft. Ich vermute, dass du aufstehen und sagen wirst, dass es nur die Vergangenheit und die Gegenwart gibt, aber du täuschst dich.

Es war ein Herbstabend, eine sich entfernende, warme zerbrechliche Hand und heiße Streifen auf dem Gesicht, und all dies so weit entfernt, dass es mühsam gewesen wäre, es zu erklären, so dass ich nur nickte: „Ist gut, du hast ja recht. Du hast recht, wie schon immer. Es lohnt sich nur nicht, darüber zu sprechen." Ich hätte sie nur entmutigt, wenn ich gesagt hätte: „Der Himmel ist grün" oder „Die Frau ist ein notwendiges Übel" oder „Das Meerwasser ist salzig". So nickte ich nur, Einverständnis andeutend, und ihr Redeschwall ergoss sich weiter über mich.

Das war zwei Jahre oder noch länger her. Sie sprach eigentlich von sich selbst, und damals interessierte mich das Ganze nicht. Es waren Wörter, einfach Wörter, woraus sie einen Knoten bildete, den sie anschließend entwirrte, um sie einsammeln und erneut aufreihen zu können. Ansprechende Vitrinen. Rote, blaue. Dann wollte ich so beginnen: „Ich schaue zum Firmenschild." Ich bemerkte sofort, dass es nicht richtig war, als ich sagte: „Ich schaue." Und trotzdem habe ich nur in dem Augenblick geschaut, also war es keine Vergangenheit, keine Gegenwart ... – sie hielt inne, um durchzuatmen – wenn ich nicht die ganze Zeit geschaut hätte, ich glaube ich wäre verrückt geworden. Das ist die einzige Zeitform, womit er einverstanden war ...

Sie machte eine lange Pause. Um uns herum alles starr. Die Gegenstände glänzten eintönig, der Nebel hing in schweren Traubenrispen vor dem Fenster. Ihre Finger trommelten auf den Tisch. Die Lippen bewegten sich stumm.
„Ja, die Zukunft war“, sagte ich. Sie schaute mich an, und dann sprach sie, wie zu sich selbst: „Seitdem bin ich an diesem Punkt und schaue.“ Ich schrieb es auf: „Ich esse, während ich auf das Firmenschild schaue.“ Man könnte sagen, dass ich nicht bei Sinnen war, und das spürte ich auch so. Es ist nicht möglich, in der Zukunft zu leben.

Ich habe aus aller Kraft versucht zu denken. „Dann wo? In der Vergangenheit geht es nicht, sie gehört uns nicht mehr, sie geht uns nichts mehr an.“ Ich hörte eine merkwürdig wimmernde Stimme. Ich begann, die Streichhölzer hin- und herzulegen, mit unruhigen Gesten zerstörte ich die blitzschnell gebildeten Formen, um andere zu erschaffen. Ich zählte die Streichhölzer nicht mehr, viele waren zerbrochen oder auf den Boden gefallen. Sie sagte nichts, saß unbewegt da. Ihre Finger, wie erstarrte Eidechsen, lagen auf der Tischkante. Der Kühlschrank schaltete sich ein paarmal ein und aus. Ich zerbrach fast alle Streichhölzer. Dann auf einmal, ohne sich zu rühren, als ob sie läse und vielleicht tat sie das auch in ihren Gedanken: „Ich werde anschauen, ich werde angeschaut, ich schaue an, man wird mich anschauen, ich habe ausführlich angeschaut ...“, das alles in einem Sekundenbruchteil, der sich immer mehr von der Minute des Lebens entfernt, in welcher der Zusammenprall stattfindet, so wie die Wellen am Bug des Schiffes zerschellen, ohne zurückkehren zu können, und im freien Fall im Nichts verschwinden.

Ich schlug mit der Faust auf den Tisch. Sie hatte es verstanden und schwieg.

Es regnete fortwährend. Draußen vor dem Fenster verdichtete sich der Nebel, nichts war mehr voneinander zu unterscheiden. Die Straßenlaternen verschmolzen mit dem sich träge herumwälzenden Dunst. Die Dunkelheit verschluckte alles, sogar unseren Atem. Nur die paar übrig gebliebenen Streichhölzer hinterließen in mir das Gefühl, dass ich lebe.

Am dritten Tag

Am ersten Tag fiel er noch keinem auf. Die Fußgänger warfen ihm zwar einen flüchtigen Blick zu, ohne dass sie ihre Aufmerksamkeit auf etwas Bestimmtes richteten oder sich veranlasst sahen, wegen eines Details sich umzudrehen oder stehen zu bleiben. Er saß dort am verwaisten Ufer, wo sich die Bäume, die die Wasserkante säumten, mit narzistischem Genuss in der spiegelnden Oberfläche des Sees bewunderten und wo einst die Schwäne majestätisch dahinglitten. Unbewegt, wie Rodins Denker mit in die Stirn fallendem Haar, saß er da, einem kühlen Standbild gleich, ohne Antlitz, fast wie ein Sinnbild.

Während der ruhigen Tagesabschnitte hatte er die Aufmerksamkeit der dort vorbeispazierenden Mütter mit ihren Kleinkindern nur insoweit auf sich gezogen, wie es eine Gestalt mit einem auffallenden Benehmen in unserer – verschiedene Verhaltenskulturen unterstützenden und hervorbringenden – Gesellschaft es tut. Die Kinder mit ihren kleinen Schritten schwirrten um ihn herum, ebenfalls die verwöhnten Hunde, die ihn von allen Seiten beschnupperten. Das alles geschah aber in einer Welt, die für ihn nicht mehr existierte.

Gegen Abend verschwanden die klaren Umrisse seiner Gestalt: eine ertrunkene Fliege im Sirup der Abenddämmerung. Als dann entlang der Allee die orangefarbenen Lichter der Straßenlaternen erstrahlten, warf sein Körper einen langen kreuzförmigen Schatten auf die spiegelnde Wasseroberfläche, die in undefinierbaren Farben vibrierte. Die in seiner Nähe vorbeischlendernden Liebespaare machten einen Bogen um seine einsame Gestalt, so wie sie einem am Samstagabend krakeelenden Betrunkenen im Delirium aus dem Wege gehen.

Am nächsten Tag haben sich die zur Arbeit eilenden Menschen, die bereits zum zweiten Mal die eigenartige Erscheinung erkannt haben, nach ihm umgedreht und grübelnd mit den Köpfen geschüttelt. Im Laufe des Tages erinnerten sie sich nun öfter an die Gestalt und versuchten, ihr Geheimnis zu enträtseln und zu deuten. An dem Tag stellte dann jeder Vorbeigehende fest, der den in dieser desolaten Pose erstarrten Körper nicht zum ersten Mal sah, dass sie seine Gegenwart nun in jedem Augenblick spürten. So beispielsweise der über das Schachbrett gebeugte Spieler, der sich instinktiv aufrichtete, wenn er an ihn dachte; die Kaffee schlürfende Frau, die vergeblich versuchte sich zu entspannen und die vom Wissen um ein aus tiefstem Inneren hervorgerufenes Bild beunruhigt war. Die Kinder, die mit ungesunder Hast ihr Mittagsmahl verschlangen und die an diesem Tag nicht, wie sonst immer, im Park ihren gewohnten Spielen nachgingen, sondern versuchten, ihre Neugierde unter der Maske der Gelcihgültigkeit zu stillen. Sie umkreisten das Mysterium, als ob dieses selbst das Rätsel lösen würde.

Die Erwachsenen nahmen den Weg am Seeufer entlang, wenn sie ihren Erledigungen und Einkäufen nachgingen, beharrlich hoffend, dass etwas passieren möge; als ob die Unbeweglichkeit der Gestalt nur durch die Bewegung anderer verändert werden könnte. Der Mann war umhüllt von einer Atmosphäre, wie sie einst ein Totem oder ein Wunder umgeben hatte. Niemand traute sich, ihn zu berühren oder ihn anzusprechen.

Diejenigen, die sich kannten, steckten gegen Abend die Köpfe zusammen und flüsterten miteinander, in der Hoffnung, mehr über das Mysterium zu erfahren. Die Aura dieses Enigmas weitete sich so sehr aus, dass sie schließlich die ganze Stadt einnahm. Die einen vertraten die Meinung, dass die Polizei, die anderen, dass der Notarzt gerufen werden müsse. Alle redeten, aber keiner unternahm etwas. Es war, als ob eine von außen auf die Menschen einwirkende Kraft sie im Griff hätte. Eine seltsame Nacht der Albträume ließ sich auf die Stadt nieder. Alle, die Schlafenden wie die Schlaflosen, wurden in der gleichen Art und Weise von einer unerklärlichen Angst erfasst. Wie eine unsichtbare Seuche nistete sich die Vorahnung in allen ein: „Morgen muss etwas geschehen, das das Rätsel aufklärt.“

Wie vom Reisefieber gepackt, erledigten die Menschen, ihre allmorgendlichen Verrichtungen, wonach sie in den Park zum See gingen, über dem der Dunst noch schwebte. Schwindelerregend schnell vermehrte sich die drängelnde Menschenmenge. Man hörte kein Wort, kein Geschrei, niemand sah den anderen an. Dieses Gefühl, von dem man jetzt beherrscht wurde, war mit keinem zuvor erlebten zu vergleichen. Auch später sprachen sie niemals über die damals herrschende Stimmung. Die Gestalt war weg, sie saß nicht mehr am Ufer. Sie schwebte sanft auf dem spiegelnden See: Splitter im Auge der Welt.

Das Licht

Casanova saß in der muffigen Luft der Bibliothek und las Seneca. Er platzierte seine von der Gicht geplagten Füße auf dem Sofa in eine bequeme Lage und lehnte sich an das Kissen, das von dem drallen, ihm eigens zugeteilten Zimmermädchen in den Sessel gelegt worden war. Es erschien von Zeit zur Zeit, schaute nach seinem Wohlbefinden und reichte ihm eisgekühlten Tee und in einer großen Porzellanschale Dickmilch. Zuweilen fragte es ihn, mit einem schelmischen Lächeln, das C. wohlbekannt war, ob der Herr noch etwas wünsche. Einst sprang Casanovas erotischer Gefühlsmotor sofort an, und dann schleuste er die flirtenden Jungfrauen und Damen in sein Bett. Das tat er mit so einem entfesselten Charme, dass auch nach Jahren die Frauen errötend und mit rasendem Herzen davon erzählten.

Der zwischenzeitlich in die Jahre gekommene Casanova las nun in der Bibliothek über den Tod in den dort befindlichen Werken der Philosophen. Bevor er Seneca aus dem Regal nahm, hatte er Epikur gelesen. Oft notierte er auf einem Blatt Vermerke. Er fragte sich mehrmals, wem und wofür er die Notizen machte, denn seine Seele könnte jederzeit seinen Körper und sein Obdach verlassen. Aber die Gewohnheit ist stärker als die wiederkehrende Schwäche, und so malte er weiterhin sorgfältig in Schönschrift die Buchstaben ab. Als das Mädchen eintrat, schaute er auf und folgte seinen Bewegungen mit seinem Blick. Es richtete sein Schlafgemach, bauschte das Kissen auf, tauschte das Wasser in der auf dem Nachtschränkchen befindlichen Kanne aus. Casanova legte das Buch neben seinen Notizen ab, in denen Folgendes stand: „Wenn wir sind, ist der Tod nicht, wenn der Tod eintritt, dann sind wir nicht mehr“ und darunter: „Die meisten wälzen sich erbärmlich zwischen der Angst vor dem Tod und der Pein des Lebens hin und her. Sie möchten nicht leben, aber sterben können sie auch nicht. Also mach dir das Leben angenehm: Entledige dich aller mit ihm zusammenhängenden Sorgen. Das Gute bereitet demjenigen, der es hat, keine Freude, ausgenommen den Fall, dass er sich seelisch darauf vorbereitet, es zu verlieren – und nichts ist so leicht zu verlieren wie etwas, wonach man sich nicht mehr sehnen kann, weil wir es bereits verloren haben.“

Casanova lächelte und wandte sich dem Mädchen zu. Dieses schaute wartend, mit einer hochgezogenen Augenbraue, in die blutunterlaufenen Augen des betagten Mannes, die schon lange ihren früheren Glanz verloren hatten. Einst verwirrten diese Augen die Frauen und zogen ihre Blicke an, wie der Kerzenschein die Falter.

Casanova schaute das Mädchen eine Weile an. Als er sah, dass es blieb und darauf wartete, dass er es anspricht, zeigte er auf den freien Platz neben ihm und bedeutete ihm, sich dort hinzusetzen. Mit schelmischem Lächeln und wiegenden Hüften ging es zum angebotenen Platz und ließ sich in den Stuhl plumpsen. Der Flirt mit den Blicken ging weiter, aber dieses Mal befreiter und mit einem breiteren Lächeln.

„Wie war dein Tag?", fragte Casanova nach einer Weile, während sein Blick etwas ernster wurde. Das Mädchen, wie wenn die Schleusen geöffnet wurden, fing an, wie ein Wasserfall zu reden, über das Wetter, über die Vergangenheit der Diener, über Erlebnisse aus der Küche, über den zurückhaltenden Hof, den ihr der Stallbursche machte, über die vom Majordomus überraschte mittlere Tochter des Hauses, die sich mit dem Gesangslehrer küsste. Casanova, gut gelaunt, lauschte der Plauderei des Mädchens. Den meisten Tratsch hatte er bereits gehört, wollte es aber nicht unterbrechen. Er betrachtete das Mädchen und erinnerte sich an die Lektüre, die ihn in der letzten Zeit beschäftigte. Er spürte keine Traurigkeit, keine Angst, keine Reue, keine Zufriedenheit, nur eine Art unerklärliche Ruhe, ähnlich einer Resignation, sowie die Entschlossenheit, die nur die in den sicheren Tod aufbrechenden Kämpfer spüren. Er versuchte, seinen Zustand zu deuten mit der Beflissenheit, mit der er immer sich selbst, seine Taten, seine Sehnsüchte, seine Gedanken, seine Misserfolge sowie seine Errungenschaften studierte. Früher war er in solchen Momenten euphorisch, erwartend, ungeduldig, unverschämt und herausfordernd. Warum hat sich das geändert, warum ist das in ihm abgenutzt?, fragte er sich. Wie kann er mit so einer passiven Geduld einem halbwüchsigen Mädchen zuhören, wie ein Erzieher oder Glaubenslehrer es tut? Warum schäumt sein Blut nicht auf, warum macht er keine anzüglichen Bemerkungen, warum flüstert er ihm keine kleine Obszönitäten zu, warum berührt er es nicht, warum stürzt er sich nicht auf das Mädchen, wie er es so oft in seinem Leben getan hatte, als er auf Hochtouren lief. Er, der immer eine Erklärung, eine Argumentation, eine Selbstbestätigung und Rechtfertigung zur Hand hatte, verstand nun nicht nur seinen Zustand nicht mehr, mehr noch, er wollte ihn in Wirklichkeit überhaupt nicht mehr verstehen. Er schaute das Mädchen an, aber dessen Worte erreichten sein Bewusstsein nicht mehr. Er merkte nicht einmal, wann es aufhörte zu reden.

Als er wieder zur Besinnung kam, wurde er darauf aufmerksam, dass es auf einmal still war. Er sah das überraschte Gesicht des Mädchens und versuchte, den verlorenen Faden wieder aufzunehmen.

Er spürte eine Müdigkeit ähnlich einer Störung, weshalb er das Bedürfnis verspürte, allein zu bleiben, aber er wollte das einfältige Ding nicht beleidigen. Er erinnerte sich der Sätze, die er gelesen hatte, bevor das Mädchen eintrat und ertappte sich, dass er laut murmelte: „Pack das Heute an, dann wirst du vom Morgen weniger abhängig. In der Zeit, in der wir zaudern, ist das Leben schon verstrichen. Alles gehört anderen, nur die Zeit gehört uns." Er schaute das etwas verstörte Mädchen an, dabei versuchte er zugleich, die vorherigen Worte zu deuten.

Es stand nach einigen unbeholfenen Bewegungen auf, trat zu ihm hin und nahm sein Gesicht in ihre Hände.

„Ist alles in Ordnung, mein Herr?"

„Ja."

„Sie sehen so traurig aus, vorhin lächelten Sie noch."

Der Mann antwortete nicht, die Hände des Mädchens brannten auf seinem Gesicht. Als es ihn zu seiner Brust zog, ließ er es geschehen. Er wurde nicht von der Erregung des Mannes beherrscht, sondern von einem Verlangen überwältigt wie ein liebes- und schutzbedürftiges Kind. Zwischen den riesigen Brüsten empfand er eine bis dahin nie erfahrene Ruhe. Das Mädchen fing an, mit zarten Bewegungen zuerst seinen Nacken, dann seinen Rücken zu massieren. Casanova fühlte sich zunehmend lebendiger, er schmiegte sich an das Mädchen und atmete den süßlichen Duft des Körpers ein. Die Hände wanderten weiter über Casanovas Körperteile, es kniete sich vor den Mann hin und begann mal seine Schenkel, mal seine Knie, mal die Unterschenkel zu massieren, wonach die Finger kitzelnd wieder hoch zu seinen Schenkeln krabbelten, um dann auf seinen Lenden anzuhalten. Es schaute hoch, ihm in die Augen, als ob es auf seine Ermunterung wartete, und dann begannen die Finger erneut das Spiel, suchend und die Hose lockernd an der Stelle, wo dieses Kleidungsstück auf der Taille befestigt war. Casanova schloss die Augen. Das war der Augenblick, der ein rostiges Schloss öffnete. Das Mädchen entblätterte aus den Stofffalten das Glied des Mannes, von dem er nie wusste, ob es ihm oder den Frauen, die er beglückt hatte, gehörte, da dies das Bindeglied war, das während der Wollust die Liebenden verband. Dieses Körperteil wurde mehr als jedes andere liebkost. Diesmal geschah es ebenso. Zuerst mit der Hand, dann mit den Lippen und der Zunge beglückte das Mädchen das Glied des Mannes, der nach langer Zeit zum ersten Mal wieder so zum Leben erwachte, wie es in den goldenen Zeiten seiner Heldentaten gewesen war. Das Mädchen stand plötzlich auf, griff nach seinen Händen, zog ihn hoch und zerrte ihn zum Bett. Casanova folgte mit Trippelschritten und stolpernd, da seine Hose heruntergerutscht war. Am Bett angekommen, riss das Mädchen zuerst ihm, dann sich selbst die Kleidung vom Leibe. Casanova starrte auf die starken Schenkel, den rundlichen Bauch, die dichtbehaarte Scham und die riesigen, schwer schaukelnden Brüste. Das Mädchen führte das Begonnene fort, indem es sich mit geübter und geschickter Bewegung auf das halbsteife Glied des schwer atmenden Mannes setzte und erst langsam, dann immer schneller anfing, sich zu bewegen. Anfangs empfand Casanova wie einst in jungen Jahren, aber dann sehnte er das Ende des Aktes herbei, beinah so, wie ein von außen betrachtender Beobachter. Schließlich verlor das Mädchen gänzlich die Beherrschung und wie eine wild gewordene Dampfwalze schmiss es sich schreiend auf den erschrockenen Mann, krallte sich in seinen Schultern fest und presste die Brüste derart in sein Gesicht, dass er sich nicht mehr wegdrehen, rufen oder atmen konnte.

Das Mädchen bekam nichts davon mit, nicht einmal, dass der Unglücksrabe mit den Händen versuchte, Zeichen zu geben, dass er den Körper anspannte, dann verzweifelt herumzappelte und schließlich erschlaffte und ruhig wurde. Auch wenn das Mädchen etwas bemerkt hätte, hätte es an nichts Schlimmes gedacht, da diese Gesten und Bewegungen nun einmal nichts Ungewöhnliches beim Liebesakt sind.
C. trat so ins Licht, dass er die Grenze zwischen sich und der Farborgie nicht mehr bemerkte. Er spürte das Licht in sich selbst, wurde ein Teil von ihm, und so lernte er die Perfektion des Verschmelzens kennen. Er schwebte in einer bisher nicht gekannten Schwerelosigkeit, kein Oben, kein Unten, kein Innen, kein Außen. Er existierte nicht mehr und verließ seinen wie eine schwere Last empfundenen Körper, ohne zurückblicken zu wollen. Das ‚war' ist beendet. In der immerwährenden Gegenwart hatte sein Bewusstsein ein letztes Aufleuchten, das auf die Vergangenheit zurückwies.
Ihm wurde bewusst, dass er jetzt die Freude erlebte, die er vergebens während seiner zahllosen Liebschaften gesucht hatte, den raffiniertesten Akten, den intensivsten Orgasmen, und die er damals nie gefunden hatte.

Nachwort

Casanovas Metamorphosen ist das von vielen Lesern geschätzte Werk eines hochproduktiven und vielseitigen zeitgenössischen ungarischen Autors. Als Schriftsteller, Übersetzer, Herausgeber, Bibliothekar und Redaktions- bzw. Verlagsleiter hat er im Laufe der Jahre zahlreiche Auszeichnungen erhalten, darunter den Madách-Niveau-Preis, den Lucian-Blaga-Preis, den Preis Tudor-Arghezi Opera omnia oder den italienischen Camaiore-Preis. Attila F. Balazs ist Mitglied der Europäischen Akademie der Wissenschaften, Künste und Literatur sowie des Ungarischen PEN-Clubes. *Casanovas Metamorphosen* erschien 1992 in der Microgramma Ausgabe in Pressburg (Bratislava), die erste Übersetzung (in slowakischer Sprache) 2006 beim Plectrum Verlag. Das Buch ist seitdem in zahlreiche Sprachen übertragen worden und erschien 2011 auf Rumänisch beim Klausenburger Grinta Verlag, 2013 auf Englisch in Vancouver/Kanada, 2014/2020 auf Spanisch, 2014 beim ARC Verlag in Kischinau, 2015 auf Serbisch in Sremska Mitrovica, 2021 in Hanoi/Vietnam oder 2022 auf Italienisch beim Verlag Quaderni del Bardo. Usbekische und französische Fassungen sind in Vorbereitung.

Dass *Casanovas Metamorphosen* in so vielen Ländern der Welt gelesen, verstanden und geliebt wird, liegt offenkundig an der universellen Sichtweise des Daseins, die dem Buch eigen ist und die aus den persönlichen Erfahrungen des Autors zu einer universell menschlichen Sichtweise heranwächst, die sich oft Themen nähert, die uns alle betreffen, wie etwa die Liebe, die die Welt zusammenhält, aus der Perspektive des Vergehens und des Verlustes, aber auch die Schönheit des Lebens selbst im Schatten und angesichts des Todes preist. Der Leser gerät unmittelbar in den Sog dieser Prosa, die ihn auf eine hochemotionale Reise durch Themen wie Liebe, Schmerz oder Verlust mitnimmt.

Wie Ion Deanconescu im Klappentext der zweiten Auflage schreibt, ist eine der Säulen von *Casanovas Metamorphosen* die unaufdringliche Herangehensweise, die es Balázs ermöglicht, stets unaufgeregt zu erzählen und eher durch Verschweigen als durch Offenheit auf den Leser einzuwirken. Gern stimmt man Deanconescu zu, wenn er betont, dass die Texte von *Casanovas Metamorphosen* wahrhaftige literarische Juwelen sind. Sie lassen uns denken, dass die Liebe stärkste Motivation, Kern des Lebens, Lächeln der Zeit ist. Grenzenlos und ohne nachzudenken bietet sie dem Menschen das, wonach er sich immer schon gesehnt hat: ein winziges Stück Unsterblichkeit und Wohlstand. Ebenfalls das Feuer des Herzens, das immer wieder aufflammt, Seite an Seite mit jeder geteilten Emotion.

Die Stärke F. Balázs' liegt darin, dass er den Casanova-Mythos sowohl neu erschafft als auch transzendiert und statt wortgewaltiger erotischer Szenen seine Bedeutungen in einer zurückhaltenden, poetisch gesättigten Sprache skizziert und so eine subtile Textwelt schafft, in der die knappen Erzählungen gerade durch das Weglassen und das Verchweigen ihre nachhaltige Wirkung entfalten.

Attila F. Balázs deutet bereits mit dem Titel an, dass es um mehr geht als die offene Darstellung der körperlichen Liebe, die der Leser unmittelbar mit dem Namen Casanova assoziiert. Das Ganze ist eine dichte, poetische Erzählung, die um die Dichotomie von Geburt und Tod der jeweiligen Hauptpersonen kreist und die Liebe als ursprüngliches Rätsel darstellt, das darauf wartet, gelöst zu werden. In F. Balázs' Universum können auch alltägliche Dinge wie die gepflückte Mohnblume, deren Blütenblätter abgefallen sind, bevor sie überreicht wird, oder ein leeres Glas (wir schenken einander keine leeren Gläser und leeren Worte) zu Metaphern der Liebe werden.

Poetisch verdichtete und gesättigte Zeile sind ein hervorragendes Mittel, um Spannung zu erzeugen. Ebenso Gedanken, die mit Licht und Schatten und weiteren Gegensätzen spielen – wobei die Vernichtung mit dem Licht zusammenhängt, wie der Titel der abschließenden Erzählung nahelegt, die Casanovas Tod als Begegnung mit der Dunkelheit schildert.

Die Sammlung dieser Geschichten wird naturgemäß von der Figur Casanovas zusammengehalten, dessen Tod ihn, indem er ins ewige Licht eingeht, von allen Vergehen und Übertretungen freispricht, und für den die Befreiung vom Körper eine größere Freude ist als die immerwährende Unterwerfung der Freuden des Körpers. Die fleischliche

Liebe kann einen nur für den Moment von der Angst vor der Vergänglichkeit befreien, aber das ‚Hinübergehen' selbst ist endlos. Hinter Casanovas Kampf, der auch der unsere ist – das Streben nach beständigem Glück – steht der Wunsch, die Angst vor dem Tod zu überwinden und einen dauerhaften Zustand der Glückseligkeit zu erreichen. Und wann können wir glücklicher sein als dann, wenn wir nicht mehr sind. Das Shakespearesche, Othellosche Dilemma für Casanova wird also durch Nicht-Sein gewonnen. Aber – es gibt keinen übertriebenen Pessimismus.

Das Wasser als lebenspendendes Urelement ist ein wichtiges Bindeglied in dieser Kurzprosa: Es fließt, es treibt, es driftet, es strömt, genau wie die Sprache des Schreibens, die Quelle von allem, vibrierend in unwirklichen Farben, das meist einladende Medium der Emotionen und es trägt – wenn wir die griechische Mythologie, die auch durch den Titel angedeutet wird, in den Interpretationsbereich einbeziehen – auch die Fähigkeit in sich, auf molekularer Ebene zu vergessen, man denke nur an Lethe. Wenn die Verwandlung Ovids unumgänglich ist, ist es nicht verwunderlich, dass die sich Bäume entlang des Ufers mit narzistischer Bewunderung im reinen Wasserspiegel anschauen. Übrigens erinnert F. Balázs Prosa durchaus an Franz Kafka oder Virginia Woolf, ersterer durch die Benennung der Helden mit Buchstaben (man denke an Josef K.), was wohl auch ein Mittel des Verschweigens ist, letztere durch eine Szene in der Kurzgeschichte *An der Grenze des Traums*, die an *Orlando* erinnert. Da finden sich Verwandlungen, in

deren Tiefen die Fremdheit und Unkenntlichkeit des Anderen am Werk ist und der Zwang, dass eine Linie nur durch zwei Punkte definiert ist. Das heißt, das Individuum, das Selbst, kann sich nur im Beziehungssystem der anderen messen, oder, um es mit Attila József zu sagen: *Du kannst dein Gesicht nur in etwas anderem waschen.*
Wer verliebt ist, wird instinktiv zum Casanova, und das Streben nach Vergnügen kann manchmal moralische Normen legal untergraben. Denn wer verliebt ist, reist nicht nur in den Himmel, sondern besorgt sich zugleich eine Fahrkarte zur Hölle … Auch der Humor und Zynismus von F. Balázs tragen zur Vielfalt und Sympathie der Kurzgeschichten bei.

„Wann geht die nächste Fahrt in den Himmel?"
Danach habe ich schnell den Hörer vom Ohr weg gehalten. Ich habe bereits auf den Knall gewartet und sogar meinen Atem unterdrückt.
„Es tut mir leid, Sie sind zu spät, kam die ruhige Antwort, aber wenn Sie es sehr eilig haben, geht in zehn Minuten die Fahrt in die Hölle, diese erreichen Sie noch."

In dieser Übergangsexistenz ist auch das Glück relativ, es geschieht immer etwas, das es zerstört oder verfälscht. Jeder will etwas anderes, die Frau will den Mann, der Mann will die Frau, und F. Balázs macht sich auf, dieses Andere systematisch zu erkunden.
Das Buch zeichnet einen bemerkenswerten Weg zwischen Leben und Tod nach; es ist durchsetzt mit einigen ganz besonderen und wirklich herausragenden Stücken, von

denen die biografisch inspirierte Rebellion den Verlust eines Vaters behandelt und die ambivalenten Gefühle des Erzählers wunderbar einfängt. Die Tragödie erreicht ödipale Ausmaße.
In diesem Buch zeigt sich F. Balázs auch von der experimentierfreudigen Seite, indem es mit neuen Formen arbeitet, wie zum Beispiel die Frische der E-Mail-Kurzgeschichte mit dem Briefwechsel, der manchmal die Form der Prosa verlässt und wie das Wasser ihre Grenzen sprengt und sich in Poesie auflöst, obwohl sie immer noch ein Brief ist.
Casanova wird geboren, und am Ende entscheidet er sich für das Sterben: Resignierend findet er sich damit ab, dass er im Verborgenen nur von ihm besiegt wird, *um die Freude zu erleben, die er in einer Reihe von Liebschaften vergeblich suchte.* Die Befreiung von den Zwängen des Lebens und des Körpers, die Selbstaufgabe, nach der wir uns alle sehnen, die die Liebe für einen Augenblick bietet, die aber das Vergehen ewig macht. Es ist wesentlich, festzustellen, dass Casanova im Akt der Lust stirbt, so dass der Ritter der Liebe in seinem letzten Akt die Existenzberechtigung der Liebe rechtfertigt: Es lohnt sich, zusammen zu sein, und sei es nur, um zu wissen … *wie das feine Aroma des Kaffees mundet, das seidig schmeckende Eis, das auf dem Lavastein gebratene zarte Lammfleisch, das herbe Aroma des auf dem Spieß gebratenen Hammelfleischs, das besondere Bild – einem Kaleidoskop ähnlich – und die Geschmackskavalkade der Meeresfrüchte, der einheimische herbe Rotwein, das drittklassige Fassbier, die nach Sonne schmeckenden Tomaten und der Saft aus frisch gepflücktem*

Obst, das natürlich und nicht künstlich heranreifte. An anderer Stelle lassen uns ein paar Streichhölzer ahnen, dass wir leben.
Die Reflexionen in *Casanovas Metamorphosen* helfen dabei, bestehende Beziehungssysteme zu überprüfen, verschaffen dem Leser kathartische Erfahrung: die Einsicht, die einer Auflösung würdig ist, wie sie Casanova selbst erfahren hat, in der das Leben, die Liebe und der Tod nicht als einander ausschließende Gegensätze dargestellt werden, sondern zu einander bedingenden Gestalten der menschlichen Existenz und, was noch mehr ist, vielleicht der Ewigkeit selbst.

Zita Murányi

Bibliografische Angaben

Nach dem Abitur am naturwissenschaftlichen Gymnasium in Ditrau beginnt **Attila F. Balázs** ein Studium am Institut für Katholische Theologie in Weißenburg/Karlsburg (Alba Iulia), das er jedoch abbricht, um in Bukarest Bibliothekswissenschaft und Literarisches Übersetzen zu studieren. Bis 1989 ist er als Bibliothekar der Hargitaer Bezirksbibliothek in Szeklerburg (Miercurea Ciuc) tätig. 1990 erfolgt die Übersiedlung in die Slowakei. In Pressburg (Bratislava) ist er von 1990 bis 1992 Redakteur der Tageszeitung Szabad Újság sowie Leiter des Madách Verlags. 1994 gründet Balázs den Verlag AB ART, dessen Leiter er bis heute ist. Er ist Chefredakteur von Szőrös Kő sowie Gründungsherausgeber von Poesis International Satu Mare. Balázs ist Mitglied mehrerer Schriftstellerverbände: des Ungarischen PEN-Clubs, der Eminescu-Akademie des rumänischen Schriftstellerverbandes, Vizepräsident der kulturellen Klausenburger Dellart-Gesellschaft, Mitglied des Ungarischen Schriftstellerverbandes in der Slowakei, Ehrenmitglied der Wissenschafts- und Kunstakademie (Kischinau, Republik Moldawien), Mitglied der Europäischen Akademie der Wissenschaften, Künste und Literatur (Paris), Präsident der ART Danubius Gesellschaft sowie Mitarbeiter der kulturellen Petőfi Agentur. Attila F. Balázs Werk umfasst mehr als 50 Einzeltitel. Kein Werk eines ungarischen Autors wurde in mehr Sprachen übersetzt (mittlerweile sind es über 30 …): u. a. Aseri, Chinesisch, Englisch, Französisch, Hindi, Makedonisch, Polnisch, Portugiesisch, Russisch, Schwedisch, Serbisch, Slowenisch, Spanisch, Suaheli, Tschechisch, Usbekisch oder Vietnamesisch. Als Mitglied der Kulturagentur Petőfi setzt er sich einerseits für die internationale Verbreitung und Bekanntmachung der ungarischen Literatur ein, andererseits knüpft und vertieft er internationale Literaturbeziehungen. So übersetzte er mehr als 50 Bücher aus vieler Herren Länder. Attila F. Balázs, einer der bekanntesten zeitgenössischen Autoren Ungarns, wurde 2010 zum Ehrenbürger der Stadt Nandaime/Nicaragua ernannt. Weitere Auszeichnungen (Auswahl): 1992 erhielt er den slowakischen Madách-Preis, 2010 den Poesis-Preis der Stadt Satu Mare/Rumänien, 2011 den Lilla Preis der Stadt Hévíz/Ungarn, 2012 den Preis des Internationalen Dichter-Festivals in Vancouver/Kanada, 2011 in Klausenburg/Rumänien den Großen Preis Lucian Blaga, 2014 den Preis Tudor Arghezi Opera Omnia (Tg. Jiu, Rumänien). 2018 verlieh ihm die World Academy of Arts and Culture (USA) den Ehrentitel des Doktors der Literaturwissenschaften. Ebenfalls 2018 wurde er in Suiyang/China mit dem Honorary Degree of Doctor of Literature und 2021 mit dem Premio Letterario Camaiore/Italien geehrt. 2022 erhielt er in Seoul/Korea den Preis „Dichter des Jahres", 2023 den I.-E.-Torouţiu-Preis von Iaşi/Rumänien, den Traian-T.-Coşovei-Preis (Bukarest), die Auszeichnung „Freundschaftspreis des vietnamesischen Schriftstellerverbandes“ sowie den koreanischen Suwon-Preis.

Tünde Darvay wurde 1977 in Siebenbürgen geboren. Sie studierte an der Universität der Schönen Künste in Cluj-Napoca/ Rumänien. Seit 1997 sind ihre Werke regelmäßig in nationalen und internationalen Einzel- und Gruppenausstellungen zu sehen. Von 2004 bis 2017 lebte die Künstlerin in den Vereinigten Staaten, bevor sie nach Cluj-Napoca zurückkehrte, wo sie die künstlerische Karriere erfolgreich fortsetzt.

Zita Murányi, geboren 1982 in Budapest, ist eine ungarische Schriftstellerin und Journalistin.

Ana Ördög, geboren 1957 im rumänischen Măureni (Moritzfeld), studierte nach dem Abitur, das sie 1976 am Musiklyzeum Ion Vidu (Temeswar) ablegte, Musik in Bukarest. 1981 wanderte sie in die Bundesrepublik Deutschland aus, wo sie sich an der RWTH Aachen der Komparatistik und Germanistik widmete und das Studium 1995 mit dem Magister Artium abschloss. Seit 2021 befasst sie sich mit literarischen Übersetzungen.

Inhalt